역사트레킹 서울학개론

곽작가 지음

역사트레킹 서울학개론
Seoul History Trekking

곽작가 지음

역사트레킹북스

한양도성길과 서울둘레길

한양도성길 한양도성길은 길이 18.6km로 내사산을 연결하여 만들었다. 내사산은 북악산(북), 낙산(동), 남산(남), 인왕산(서) 등 서울 안쪽에 있는 4개의 산을 말한다.

서울둘레길 서울둘레길은 서울 외곽을 연결하여 만들었는데 그 길이가 157km에 달한다. 내사산이 있듯이 서울 외곽을 감싸는 4개의 외사산도 있다. 북한산(북), 아차산(동), 관악산(남), 덕양산(서)이 그 외사산이다. 다른 산들은 한 번에 아시겠지만 덕양산은 처음 듣는 분들이 많으실 것이다. 하지만 '행주산성을 품고 있는 산'이라고 하시면 다들 고개를 끄덕이실 것이다. 그렇게 서울둘레길은 외사산을 기반으로 하여 만들었다.

그런데 서쪽 지도를 보시면 덕양산은 보이지 않고, '봉산'과 '앵봉산'이라는 지명이 나타난다. 덕양산이 경기도 고양시에 소속되어 있기 때문에 봉산과 앵봉산이 서울둘레길의 서쪽편을 담당하고 있는 것이다. 서울둘레길은 서울시에서 만들었으니까…

지은이의 말

서울은 어떤 도시일까?

"서울은 어떤 도시일까? 내가 살고 있는 이 서울에 대해서 난 얼마나 알고 있는 것일까?"

'역사트레킹 서울학개론'을 시작했을 때 품었던 근원적인 물음이었다. '서울천도 600년', '한성백제 2000년' 등과 같은 역사 교과서적인 수식어에서 벗어나 구체적인 삶의 공간으로서의 서울을 알고 싶었다. 물론 필자는 지금도 '서울공화국', '수도권과밀화' 같은 서울에 붙여진 비판적인 꼬리표에 '좋아요' 버튼을 누르고 있다. 대한민국의 모든 것을 다 빨아들이고 있는 이 블랙홀 같은 도시에 대한 비판적 시각을 거둘 수 없다는 뜻이다.

하지만 그런 비판적인 시각과 근원적인 물음이 꼭 상충하는 것만은 아니었다. 예를 들어 서울이 블랙홀이 되기까지의 과정들을 탐구하다 보면 자연스럽게 서울의 확대 발전에 대한 개념을 짚고 넘어가게 된다. 한편 서울이 최상위 포식자가 되어 모든 것을 다 집어삼키기 시작한 것은 불과 한두 세기 정도밖에 되지 않았다. 공룡 도시 서울에 대한 냉정한 시선을 보내는 것이 맞는 만큼 역사 도시 서울을 탐구하는 진지한 자세도 꼭 필요하다는 뜻이다. 왜? 이곳은 우리가 발을 딛고 구체적으로 삶을 살아가고 있는 공간이니까. 자신이 속해 있는 이 도시가 잘났는지 혹은 못났는지 그것을 알아보자는 것이 '역사트레킹 서울학개론'의 취지이다.

토박이를 이길 수 있는 여행 작가는 없다

각 개인이 살아가면서 층층이 쌓아 올린 생각들도 지역적인 한계를 드러낼 수밖에 없다. 산들로 둘러싸인 지역에서는 '갯가'라는 말을 거의 쓰지 않는다. 반대로 바닷가 지역에서는 산신령을 모시는 신당을 찾아보기가 어렵다. 자신의 머릿속을 채우고 있는 관념들은 결국 지역적인 틀 속에서 생성된 상호작용의 결과물이다.

필자가 낙산의 성곽길을 미디어를 통해 간접적으로만 접했다면 어땠을까? 그저 벽화마을에서 사진을 찍고 성곽길을 잠깐 탐방한 후 이렇게 이야기했을지 모른다.

"별거 없네. 맛집이나 찾아서 가자고!"

외국인 관광객들이 들고 다니는 가이드북 정도의 인식 수준으로 낙산과 성곽길을 바라봤을 것이다. 아무리 머리가 비상한 여행 작가라고 하더라도 해당 지역의 토박이를 이길 수는 없는 법이다. 학창시절에 그렇게 공부를 못했던 필자가 그나마 서울에 대해서 이렇게 이야기를 풀어낼 수 있었던 건 반백 년을 서울에서 계속 살아왔기 때문이다. 서울에 있는 산들이 좋아 많이 돌아다녔기에 가능한 일이었다. 물론 군 생활 2년은 빼고.

필자는 이 책에서 역사적인 지식만 나열하지는 않을 것이다. 필자의 삶의 공간인, 이곳 서울에서 느끼고 생각한 것들을 자유롭게 풀어나갈 생각이다. 서울 촌놈인 필자가 트레킹을 통해 서울 곳곳을 탐방하고, 그곳에서 주워 올린 생각들을 나름의 필체로 풀어낼 생각이다.

밥값을 하듯이 책값을 하고 싶다. 나름대로 열심히 쓸 생각이다. 기대하셔도 좋을 것이다.

'역사트레킹 서울학개론'은 트레킹을 통해 자신의 두 발로 서울의 명소들을 탐방하는 아웃도어 프로그램이다. 이 책은 그 역사트레킹 서울학개론의 기록들과 함께 필자가 트레킹하며 느꼈던 생각들을 정리하였다. 그래서 역사, 아웃도어, 에세이가 결합한 '짬뽕'된 포지셔닝을 갖고 있다.

누구는 이런 결과물에 의문을 제기할지도 모른다. 정체성이 없다고. 근본이 무엇인지 모르겠다고. 하지만 요즘같이 최첨단 '초결합시대'에 도서 항목 분류표에 따라 기계적으로 원고를 맞출 필요는 없을 것이다. 시대가 변했다. 독자도 변했고….

독자 여러분은 필자와 함께 서울 구경을 할 것이다. 이제 필자와 함께 '앉아서 하는 트레킹'을 할 것이다.

자, 함께 같이 떠나볼까요? 신발 끈 단단히 묶으셨나요? 그럼 출발!

차례

지은이의 말   006
프롤로그   012

01 서울의 흰 호랑이 인왕산   022
　_ 인왕산 역사트레킹

02 서울의 좌청룡 낙산   034
　_ 낙산 역사트레킹

03 숲길에서 무아지경에 빠지다   048
　_ 백사실계곡 역사트레킹

04 남산, 너무나 당연히 가야 할 곳!   062
　_ 남산 역사트레킹

05 개명했더니 장사가 되네!   074
　_ 한강전망대 역사트레킹

06 작지만 너무 좋은 산, 서대문 안산   086
　_ 안산 역사트레킹

07 현장에 답이 있다   098
　_ 탕춘대성 역사트레킹

08 총성이 사라진 자리에 고운 단풍이 졌네!   112
　_ 성북동 역사트레킹

09 삼국이 격렬하게 격돌했던 그곳   124
　_ 아차산 역사트레킹

10 내 아웃도어의 베이스캠프 관악산   136
　_ 관악산 역사트레킹

11 북한산 서편의 명찰, 진관사   148
   _ 진관사 역사트레킹

12 선유도가 선유봉이었다고?   160
   _ 한강 역사트레킹

13 그 종소리를 들으며 합장하고 싶다   172
   _ 화계사 역사트레킹

14 여러분 행복하세요?   184
   _ 태릉 역사트레킹

15 막걸리를 못 마시게 해서 그런가?   196
   _ 삼천사 역사트레킹

16 권력이 무엇이기에…   208
   _ 정릉 역사트레킹

17 우면산에서 한반도의 안전을 생각하다!   220
   _ 우면산 역사트레킹

18 진짜 센 분을 만나러 간다!   232
   _ 태종 이방원 역사트레킹

19 본전도 못 찾은 호랑이   246
   _ 호암산 역사트레킹

20 불암산이 부처님 산이라고?   258
   _ 불암산 역사트레킹

에필로그 ① 산티아고에 산티아고가 없다면?   272
에필로그 ② 남북한 순례자들이 함께 산티아고 길을?   280

프롤로그

트레킹의 어원부터 트̇레̇킹̇과 하̇이̇킹̇, 그리고 트̇레̇일까지

"등산과 트레킹의 차이점이 뭐에요? 하이킹과 트레킹은 또 뭐죠?"

역사트레킹 강의를 시작할 때 자주 듣는 질문 중에 하나다. 워낙 우리나라에서는 등산과 트레킹을 혼용해서 쓰는 사람이 많아서 저런 물음을 많이 하는 거 같다.

"등산은 수직적인 움직임이고, 트레킹은 수평적인 움직임이에요. 북한산을 예를 들어 볼게요. 백운대를 올라갔다면 등산을 한 거고, 북한산 둘레길을 걷는다면 트레킹을 한 거예요."

항상 저렇게 설명하는데 저 말이 딱 떨어지지는 않는다. 명칭은 둘레길로 불리지만 '악산' 산행 뺨칠 정도로 험준한 코스를 가진 둘레길도 많기 때문이다. 반대로 등산로라고 적혀 있지만 길이 순해서 콧노래를 부르며 걷는 구간도 있다.

산티아고순례길을 걷는 순례자들

트레킹의 정확한 어원은?

2007년 8월, 제주 올레길 1코스가 개통했다. 이후 지리산 둘레길, 북한산 둘레길 같은 도보여행길이 지자체나 공공단체 등에 의해 속속 등장하게 된다. 2010년을 전후로 해서 우리사회는 도보여행 열풍에 빠져든다.

그즈음 우리는 트레킹(trekking)이라는 그 이전에는 그 존재조차도 잘 몰랐던 낯선 단어를 마주했다. 낯설지만 당시 활활 타오르고 있던 도보여행의 열풍을 따라 '트레킹'이라는 이름 석 자도 빠르게 퍼져나갔다. 그것도 그냥 액면대로 사용하는 것이 아니라 접두사까지 붙여서 사용했다. 역사트레킹, 숲길트레킹, 봄꽃트레킹 등등...

이후 '트레킹'이란 명칭은 이제 우리에게 '등산'이란 단어만큼이나 친숙해진 말이 됐다. 하지만 트레킹이란 말은 자주 입에 올려도 그 어원이 무엇인지에 대해서 아는 분들은 그리 많지 않은 듯싶다. 또한 팩트가 어긋난 정보가 통용되어 개념 자체가 꼬여버리는 현상까지 보인다.

① 남아프리카 원주민인 보어인들이 소달구지를 타고 정처 없이 집단 이주한 데서 유래
② 등반과 하이킹(hiking)의 중간 형태
③ 산의 높이를 기준으로 5,000m 이상은 등반, 그 이하는 트레킹으로 구분

위에 언급된 내용들은 백과사전에 나열된 트레킹에 대한 개념들을 정리한 것이다. 일단 마지막 '산의 높이를 기준으로 5,000m 이상은 등반, 그 이하는 트레킹'이라는 문구는 우리나라의 현실과는 동떨어져 있다. 백두산이 해발 2,744m고, 한라산이 1,950m기 때문이다. 전 세계적으로 확대해도 해발 5,000m 이상의 산을 가진 나라가 몇 곳이나 되겠는가? 5,000이라는 숫자를 보니, 숨이 턱하고 막힌다. 없던 고산증도 생기는 듯싶다.

① 남아프리카 원주민인 보어인들이 소달구지를 타고 정처 없이 집단 이주한 데서 유래

이제 찬찬히 살펴보자. 결론적으로 말하면 위에 문구는 사실관계가 잘못됐다. 팩트가 틀렸다는 것이다. 여기서 보어(bore)인들은 네덜란드에서 지금의 남아프리카공화국 지역으로 이주한 유럽인들을 지칭한다. 부르인이라고도 불렸던 보어인들은 남아프리카 지역의 원주민이 아니라는 뜻이다. 참고로 네덜란드어로 보어는 '농민'을 뜻한다.

보어인들은 남아프리카 원주민이 아니다

'역사트레킹 세계사개론' 시간으로 잠깐 변신해보자. 대항해 초기인 1488년, 포르투갈 항해자인 바르톨로메우 디아스(Bartholomeu Diaz)가 희망봉이라고 불린 케이프 지역(Cape of Good Hope)을 발견한다. 이후 식민지 경영에 뛰어들었던 네덜란드가 케이프 지역을 식민지화했다. 네덜란드 본국에서 동인도 회사가 있던 인도네시아까지 가려면, 중간 기착지였던 케이프 지역 확보가 반드시 필요했다.

당연한 말이겠지만 식민지를 만들려면 사람이 필요했다. 당시 네덜란드를 비롯한 유럽의 주요국들은 종교전쟁으로 인해 큰 혼란에 빠져 있었다. 그런 혼돈을 피해 많은 이들이 새로운 땅으로 떠나게 됐는데 보어인도 그중 하나였다. 그들은 백인이었고 네덜란드어를 썼던 사람들이다. 그래서 트레킹(trekking)이라는 말도 네덜란드어 'trek(끌기, 이동)'에서 나온 것이다.

지도를 보면 알겠지만 케이프 지역은 남아프리카공화국의 끝단이다. 그곳에서 보어인들은 200여 년 동안을 그럭저럭 잘 살고 있었다. 스스로를 아프리카너(Afrikaner)라고 칭하며 모국인 네덜란드하고도 다른 정체성을 가지고 살고 있었다.

1814년, 그런 보어인들에게 시련이 닥친다. 영국이 케이프 지역을 점령했기 때문이다. 이에 보어인들은 영국인들의 지배에서 벗어나고자 북동쪽으로 대규모 이주를 하게 된다. '농민'이라고 불리던 이들이 갑자기 '소달구지를 타고 정처 없이 집단 이주'를 하게 된 것이다. 정착민들이 하루 아침에 유목민(노마드)이 된 것이다. 이를 두고 남아프리카의 역사에서는 그레이트 트렉(great trek)이라고 칭한다. 새로운 정착지를 찾아 무거운 발걸음을 옮겼던 보어인들의 'trek'이 트레킹의 어원이라는 것이다. 우리가 트레킹이라는 용어를 주로 낭만적이고 경쾌한 의미로 많이 사용하는데 그 어원에는 고단함이 묻어 있는 것이다.

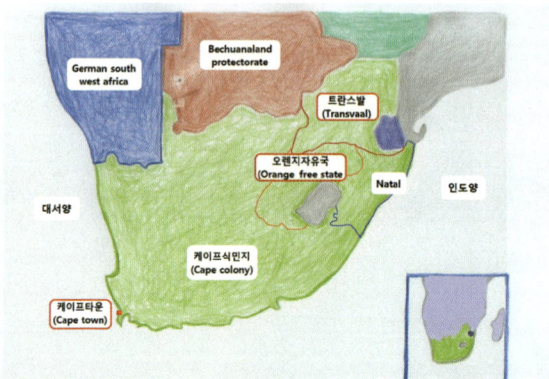

보어전쟁 시 남아프리카.
1899년경, 보어전쟁 당시의 남아프리카의 상황. 맨 왼쪽 하단에 케이프타운 인근에 희망봉이 있다. 보어인들은 케이프타운에서 그레이트 트렉(great trek)을 하여 동북쪽에 오렌지자유국(orange free state)과 트란스발(transvaal)공화국을 세운다.

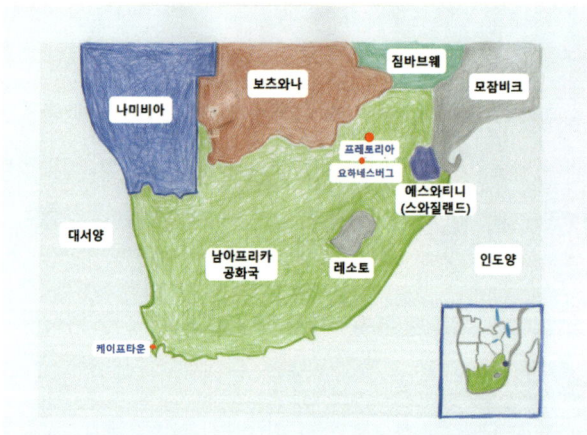

현재의 남아프리카공화국

남아프리카의 원주민은 줄루족

그렇게 지금의 남아프리카공화국의 북동쪽으로 이주를 한 보어인들은 오렌지 자유국과 트란스발 공화국이라는 국가들을 세운다. 이후 이들 보어인 국가 지역에서 대규모 금광이 발견됐고, 이를 두고 보어인 국가들과 영국은 극심한 갈등을 겪게 된다. 전쟁까지 발발하는데 그것이 바로 약 3년간 진행된 보어전쟁(1899~1902)이다.

아직도 트레킹의 어원과 관련된 설명 중에는 보어인들을 남아프리카 원주민으로 잘못 설명한 경우가 많이 보인다. 남아프리카의 원주민은 흑인인 줄루족인데도 보어인들을 원주민으로 잘못 지칭한 것이다. 그 설명대로 하자면 넬슨 만델라도 보어인이 된다. 아파르트헤이트(인종차별정책) 때문에 온갖 박해를 받은 넬슨 만델라가 보어인이 되는 것이다. 보어인들은 아파르트헤이트 정책을 만든 장본인들이었다.

보어인에 대한 설명이 잘못되다 보니, 나머지 사실들도 뒤죽박죽이 된 것이다. 참고로 만델라는 줄루족이 아닌 템부족 출신이다. 줄루족은 남아프리카공화국의 다수 종족이다.

하이킹 VS 트레킹

② 등반과 하이킹의 중간 형태

여기서 말하는 등반은 수직적인 행위, 정상을 찍는 것…. 우리가 잘 알고 있는 그 등산이다. 그럼 하이킹(hiking)은 무엇인가? 많이 들어보셨을 테지만 정확한 개념은 잘 모르시는 분들이 더 많을 것이다. 하이킹은 고도가 낮은 완만한 산길을 걸으며 심신을 단련하는 자연 속에서의 활동을 말한다. 심장이 터질 듯한 오르막내리막은 피하고 느긋하게 자연을 즐기며 걷는 행위를 뜻한다. 이렇게 정리해보니 트레킹과 하이킹이 잘 구별되지 않는다. 수평적인 활동, 경사가 심한 오르막내리막을 지양하기…. 많은 것에서 트레킹과 하이킹이 겹친다.

사실 서양에서는 하이킹이라는 용어를 더 많이 쓰고 있다. 실제로《브리타니카 백과사전》에서도 하이킹은 상세히 설명되어 있지만 트레킹은 따로 항목을 두지 않았다.

굳이 두 개념을 구분한다면 하이킹이 좀 더 가벼운 활동이라고 말할 수 있다. 트레킹에 비해서 거리가 짧고, 여정도 짧다. 경사도도 좀 더 완만한 트레일로 간다. 이것을 정리해보자.

하이킹 VS 트레킹(주의: 본 구분은 서구 기준임)		
구분	하이킹	트레킹
난이도	경사도가 원만한 산책로 위주로 걷는다.	경사가 원만한 길을 걷지만 자연상태의 길을 개척하며 걷기도 한다.
길이	40~50km	50~1000km
여정	당일치기, 혹은 3일 이내	일주일 이상
준비	짧은 여정에 맞는 준비 (예, 소형급 배낭)	중장거리 여정에 맞는 준비 (예, 중형급 배낭 이상)

이 표를 보면 트레킹이 무겁게 보인다. 둘레길 걷기처럼 가벼운 느낌이 아니다. 위 표에서의 트레킹은 서구의 시각이지 우리나라에서 통용되는 개념과는 동떨어져 있다. 차라리 하이킹이 둘레길 걷기와 더 가까워 보인다. 그렇다. 트레킹도 한국에서는 한국식으로 바뀐 것이다.

우리나라에서는 트레킹을 둘레길 걷기와 동일시하는 사람이 많은 터라 서구식의 터프한 트레킹 개념을 기계적으로 적용할 수 없다. 스스로 길을 개척하면서까지 트레킹하는 한국 사람을 본 적이 있는가? 남녀노소 부담 없이 즐길 수 있기에 역사트레킹이나 야생화트레킹 같은 테마를 붙일 수 있는 것이다. 서구식처럼 무거운 배낭을 메고, 중장거리 여정을 행하는 트레킹에서 리딩자가 스피커를 메고 해설하기는 어렵기 때문이다. 스피커에서 나오는 리딩자의 '헉헉' 거리는 목소리부터 거슬릴 것이다.

이미 우리나라에서는 서구식이 아닌 한국식 트레킹이 정착됐다고 볼 수 있다. 서구에서 말하는 하이킹과 트레킹이 혼합되어 한국식 트레킹으로 변모했다고 말할 수 있는 것이다.

한국식 트레킹 VS 서구식 트레킹		
구분	한국식 트레킹	서구식 트레킹
난이도	경사도가 원만한 둘레길 위주로 걷는다.	경사가 원만한 길을 걷지만 자연상태의 길을 개척하며 걷기도 한다.
길이	7~10km(만보 걷기 영향, 만보가 7km 정도)	50~1000km
여정	당일치기를 선호함. 1박 2일도 행함	일주일 이상
준비	단거리를 걷는 만큼 준비물이 간소함	중장거리 여정에 맞는 준비
대상	대중 트레킹 형식이라 남녀노소, 초보자들도 행할 수 있음	대중 트레킹 형식이 아님. 초보자들은 어려울 수 있음

트레일은 또 무엇인가?

기왕 용어 정리를 하는 김에 트레일(trail)이란 말도 알아보자. 요즘 트레일러닝(trail running)이란 용어가 많이 언급된다. 트레일러닝은 산길을 뛰는 행위로 산악마라톤이라고도 불리는데 젊은 층을 중심으로 향유 인원이 점점 더 늘어나는 추세다.

사전적인 의미로 트레일은 '오솔길' 혹은 '산길'이다. 말 그대로 물리적인 길, 하드웨어를 뜻한다. 예를 들어 여러분이 북한산둘레길을 걷고 있다면 북한산 트레일을 걷고 있는 셈이다. 북한산둘레길(트레일)에서 트레킹을 할 수도 있고, 러닝을 할 수도 있는 것이다.

또한 트레일은 수직적인 등산로도 포함되는 개념이다. 북한산의 최정상인 백운대에 간다면 북한산 백운대 등산로(트레일)를 오르는 셈이다. 한마디로 트레일은 하드웨어 자체를 말하기에 둘레길과 등산로를 모두 포함한다. 사람이 보행할 수 있는 산에 있는 모든 길이 다 트레일이다.

이제까지 트레킹의 어원부터, 트레킹과 하이킹의 비교, 트레일에 대한 용어 정리까지 해보았다. 용어들이 혼재되어 있는 상황이라 필자 나름대로 감히 교통정리를 한다는 생각으로 정리해 본 것이다. 물론 이런 개념들은 그냥 참고용이다. 더 재밌게 역사트레킹을 즐길 수 있는 하나의 준비 작업이라고 생각하면 좋겠다. 그냥 걷는 것보다 알고 걷는 게 훨씬 재밌지 않은가.

1

서울의 흰 호랑이 인왕산

인왕산 역사트레킹

인왕산 역사트레킹은 사직단에서부터 시작된다. 우리 선조들은 삼국시대부터 사직단을 세워 기원을 올렸다. 그것도 한 곳에만 세우지 않고 여러 곳에 세웠다. 우편번호를 검색해보면 '사직동'이라는 지명이 꽤 여러 곳임을 알 수 있다. 당장 부산에도 사직야구장이 있지 않던가.

    2천 년 문화도시 서울! 역사트레킹은 그런 서울의 명소들을 자신의 두 발로 탐방하는 고급(?)진 아웃도어 활동이다. 그래서인지 역사트레킹을 떠날 때는 항상 설렌다. 오늘은 무엇을 탐방하고, 무슨 이야기를 나눌까? 역사트레킹하며 나누었던 이야기와 생각들을 이 공간에 담아보았다.
    필자를 비롯한 탐방자들의 발걸음이 계속되는 한 역사트레킹에 대한 이야기들은 계속될 것이다. 그 첫 번째 발자국이다. 경복궁 옆에서 시원스럽게 암반면을 노출하고 있는 인왕산(仁王山)으로 가본다. 서울의 흰 호랑이 인왕산.

인왕산 성곽길. 성곽길 너머로 남산이 보인다.

서울의 우백호 인왕산

당연한 이야기지만 서울에도 좌청룡·우백호가 있다. 조선의 도읍지였던 한양이 풍수지리에 따라 기획된 도시였기 때문에 그런 것이다. 그래서 좌청룡·우백호가 있고, 남쪽에는 주작, 북쪽에는 현무가 자리 잡고 있다. 이번에 탐방할 인왕산은 서울의 우백호이다. 서울의 흰 호랑이가 인왕산이라는 것이다. 그럼 좌청룡은 어디일까? 낙산이다. 혜화동 뒤편에 나지막하게 서 있는 낙산이 바로 서울의 좌청룡인 것이다.

인왕산과 낙산, 거기에 남산과 북악산을 더해 내사산(內四山)이라고 부른다. 말 그대로 안쪽의 4개의 산이라는 뜻이다. 이 내사산을 기반으로 18.6km의 성벽을 쌓았으니 그것이 바로 한양도성이다.

외사산(外四山)도 있다. 남쪽에서 주작 역할을 하는 관악산, 북쪽에서 현무 역할을 하고 있는 북한산, 여기에 동쪽의 아차산과 서쪽의 덕양산(행주산성) 등 4개의 산을 일컬어 외사산이라고 칭한다. 이를 두고 필자는 트레킹팀에게 이렇게 설명하곤 했다.

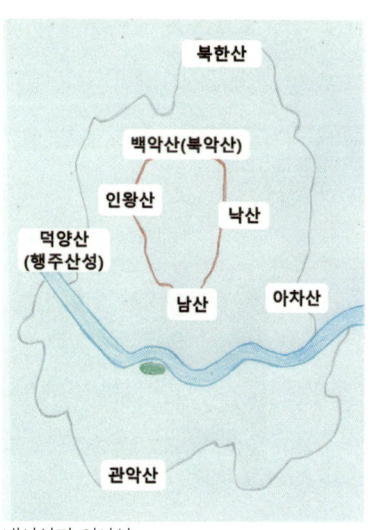

내사산과 외사산

"내사산이니 외사산이니 하는 말들이 감이 잘 안 오시죠. 이렇게 생각하세요. 내사산은 작은 서울, 외사산은 큰 서울. 지도 놓고 보시면 더 감이 잘 올 거예요."

사직단은 '종묘사직' 할 때, 그 '사직'이다

인왕산 역사트레킹은 사직단에서부터 시작된다. 우리 선조들은 삼국시대부터 사직단을 세워 기원을 올렸다. 그것도 한 곳에만 세우지 않고 여러 곳에 세웠다. 우편번호를 검색해보면 '사직동'이라는 지명이 꽤 여러 곳임을 알 수 있다. 당장 부산에도 사직야구장이 있지 않던가.

사직단은 토지의 신인 사신(社神)과 오곡의 신인 직신(稷神)에게 제례를 올리는 곳이다. '종묘사직' 할 때 '사직'이 바로 사직단이다. 농경을 중시했던 조선왕조였기에 사직단의 의미는 종묘보다 더 크면 컸지, 작지는 않았다. 실제로 조선의 왕들은 국가적으로 중대한 일들이 닥쳤을 때 사직단에 직접 나아가 제사를 올렸다. 지역의 사직단에서는 해당 지역 수령이 왕을 대신하여 제사 드렸다.

보통 '사직'은 궁을 중심으로 서쪽, '종묘'는 동쪽에 들어선다. 실제로 사직단은 경복궁의 서편인 서촌에 위치에 있고, 종묘는 경복궁의 동쪽에 자리 잡고 있다. 사직단은 동쪽에 사신을 모시는 사단, 서쪽에는 직신을 모시는 직단이 있다. 큰 담 안에 작은 담이 둘려 있는데, 작은 담은 '유'라고 불린다. '유' 안에 사단과 직단이 있는 것이다.

사직단. '유'라고 불리는 작은 담장 안에 사단과 직단, 두 개의 제단이 보인다.

그래도 국가적인 기원은 계속될 것이다

조선이 망국의 길로 들어서자 사직단에도 일제의 마수가 뻗치게 된다. 1911년에 사직단이 폐사됐기 때문이다. 이에 더해 1922년에는 원래 부지에다 인근의 땅들을 합쳐서 공원을 만든다. 사직단을 공원화하여 격하했던 것이다.

해방 이후에도 사직단은 아픔을 겪었다. 도시계획에 따라 신문(神門)이라고 불린 정문이 원래의 위치보다 14m 뒤로 후퇴하였기 때문이다. 또한 영역 안에 차례로 도서관, 어린이 놀이공간, 단군성전 등이 세워지게 된다. 심지어 수영장도 들어섰다. 애초 사직단의 근본 취지와 동떨어진 건물들이 자리를 잡게 됐다.

그렇게 토지의 신과 곡식의 신이 떠난(?) 예전 사직공원은 몸살을 앓았다. 취객들이 술김에 울타리를 넘어가기도 하고, 아이들은 제단에서 씨름도 했다. 어두운 불빛 아래에서는 '부비부비'를 즐긴 남녀들도 넘쳐났다고 한다. 국가적으로 기원을 드렸던 곳인데 체면이 말이 아니었다.

현재 사직단은 복원정비사업 중이다. 2015년에 시작한 복원 사업은 2027년에 완료될 예정이다. 무려 12년 동안 진행된다. 상처가 깊었던 만큼 복원하는 데 시간도 오래 걸리는 셈이다.

수성동계곡. 뒤쪽으로 인왕산 정상인 치마바위가 보인다.

인왕산의 숨어 있는 보석, 수성동계곡

인왕산 성곽길을 걸은 후 다음 탐방지인 수성동계곡으로 향해간다. 수성동계곡은 인왕산의 숨겨진 보물 같은 곳이다. 아랫동네 서촌의 번잡함은 싹 사라지고, 계곡이 주는 청량감이 주위를 감싸고 있는 곳이 바로 수성동계곡이다.

수성동(水聲洞)의 명성은 조선시대로 거슬러 올라가면 더 명확하게 확인할 수 있다. 조선시대 역사 지리서인 《동국여지비고》와 《한경지략》에는 수성동을 명승지로 소개하고 있고, 겸재 정선은 〈수성동〉을 그려 이곳의 아름다움을 수묵으로 옮겨놓았다.

수성동계곡에 들어서면 위풍당당하게 암반면을 노출하고 있는 인왕산 정상부를 바라볼 수 있다. 위쪽으로는 바위 능선이 펼쳐져 있고 아래쪽에서는 물줄기가 흐르고 있으니 이곳이 무릉도원이 아니겠는가! 더군다나 이곳은 도성 안에 있지 않던가! 이런 곳인 만큼 많은 이들이 수성동계곡에 찬사를 보냈다. 그중에는 세종의 세 번째 아들이었던 안평대군도 있었다. 안평대군은 이곳에다 비해당이라는 집을 짓고 살기도 했다.

한편 이곳은 중인들이 모여 시를 짓고 노닐던 곳이었다. 조선후기 중인들을 중심으로 발달했던 위항문학(委巷文學)의 본거지였다. 그러니 문학사적인 측면에서도 무척 중요한 곳이라고 할 수 있다.

현재의 수성동계곡은 2012년 7월에 복원한 것인데, 복원 전에는 1971년에 지어진 시민아파트가 자리 잡고 있었다. 이후 안전 문제로 아파트는 철거됐고, 그 위치를 옛 모습으로 돌려놓은 것이다.

복원할 때 겸재 정선의 그림 〈수성동〉이 큰 역할을 해주었다. 그림에 나오는 것처럼 '기린교'라는 통돌다리도 그대로 복원이 됐다. 겸재의 그림이 없었다면 지금의 수성동계곡은 평범한 도시공원의 모습을 하고 있을지도 모른다. 아니면 재개발로 사라졌던지.

창의문 밖에는 고소한 냄새가 풍긴다

인왕산에도 자락길이 있다. 걷기에 부담이 없는 길이다. 마천루가 즐비한 도심지와 가까운 곳에 이렇게 부드러운(?) 길이 있다는 게 놀라울 따름이다. 입구 찾기가 좀 어려워서 그렇지 한 번 코스에 들어

창의문

서면 콧노래를 부르면서 걸을 수 있는 곳이다. 작은 오솔길로 이어지고 휴식 공간도 충분해서 모두 다 만족해했다.

"서울에도 출렁다리가 있는 거 아세요?"
"어디요? 서울 어디요?"
"짜잔 바로 여기요!"

그렇다. 서울에도 출렁다리가 있다. 바로 인왕산에. 인왕산 출렁다리는 '가온다리'라는 명칭이 있다. 그곳을 건널 때 항상 이런 멘트를 했다.

"트위스트 한번 추고 가시죠! 앗싸!"

출렁다리에서 트위스트를 땡긴 후 다시 이동하다 보면 인왕산 역사트레킹의 마지막 구간인 창의문을 만나게 된다.

창의문(彰義門)은 사소문 중 하나로 자하문(紫霞門)으로 더 많이 알려진 문이다. 북대문인 숙정문이 있었음에도 실질적으로 북문(北門) 역할

을 했던 건 바로 창의문이었다. 북악산의 험한 지형 위에 세워진 숙정문은 사람의 발길이 뜸했을뿐더러 1413년부터는 그마저도 폐쇄했기 때문이다. 숙정문이 오른팔이 되어 경복궁을 내리누른다는 풍수학적인 의미 때문에 그런 조치를 취했다. 그때 창의문도 폐쇄가 되는데 왼팔의 역할을 하여 경복궁의 지맥을 손상시킨다는 '죄명' 때문이었다. 하지만 숙정문과 달리 교통의 요충지 위에 놓여 있던 창의문은 1506년(중종 1)에 다시 통행이 재개된다. 그래서 소문(小門)인, 창의문이 '북문 역할'이라는 중책을 맡게 되었다.

사람들의 통행이 빈번했다는 것은 그 문 아래로 수많은 역사적 발걸음이 오갔다는 뜻이기도 하다. 실제로 인조반정 때 능양군(인조)을 옹립하던 세력들은 이 문을 통해 도성을 점령했고, 광해군을 쫓아낸 후 권력을 잡게 된다. 지금의 문루는 조일전쟁 때 불타 사라진 것을 1740년(영조 16)에 건립한 것이다. 창의문은 2015년에 보물로 격상됐다.

창의문의 천장에는 큰 새가 그려져 있다. 필자는 창의문을 지날 때마다 트레킹팀에게 묻는다.

"저기 위에 그려진 새가 뭐로 보이세요?"
"봉황 아니에요?"
"주작이요. 주작!"

봉황에 주작까지 나왔다. 하지만 꽝! 정답은 닭이다. 이 일대가 풍수적으로 지네의 기운을 가졌다 하여 천적인 닭을 창의문에 그려 넣었던 것이다. 그래서인지 창의문 밖인 부암동 일대가 치킨으로 유명한 것이다. 창의문 밖을 나서면 고소한 냄새가 진동한다. 그 냄새를 맡은 도보여행자들은 더 이상 길을 나설 수 없게 된다. 자연스럽게 트레킹도 종료된다. 대신 입이 즐거워진다.

사직단, 성곽길, 수성동계곡, 흔들다리, 창의문까지…. 거기에 이번 글에 언급하지 않은 선바위, 국사당, 윤동주문학관(시인의 언덕)과 이빨바위까지…. 이처럼 스토리텔링이 풍부한 인왕산을 소개할 수 있어서 필자도 참 기쁘게 생각한다.

가온다리. 인왕산에 있는 출렁다리. 봄꽃이 한창이다. 가을도 좋다.

역사트레킹과 함께 건강한 삶을!

트레킹팀과 함께 열심히 걷다 보니 한 가지 깨달은 점이 있다. 필자가 타인의 기원을 실현해주는 기특한 일을 하고 있다는 점이다. 트레킹에 온 사람들은 이구동성으로 건강에 관한 이야기를 했다. 육체든 정신이든 건강에 대한 간절함이 강렬하셨다. 꾸준한 운동이 필요하다고 하셨는데 역사트레킹이 거기에 '딱'이라는 것이다.

숲길도 걷고, 답사도 하고, 만 보 이상 걸으니 육체적으로도 정신적으로도 튼튼해졌다고 필자에게 '신앙고백'을 하셨던 분들도 계셨다. 그런 말씀들을 하실 때마다 참 고마웠다. 어쨌든 필자가 건강에 대한 기원에 조금이나마 힘을 보탰으니까. 좀 우쭐하기도 했다. 복 받을 일을 했으니 이 정도 우쭐함은 괜찮지 않겠나.

인왕산 역사트레킹

1. 코스: 사직단 ···▶ 성곽길 ···▶ 수성동계곡 ···▶ 출렁다리 ···▶ 윤동주문학관 ···▶ 창의문

2. 이동거리: 약 6km

3. 예상시간: 약 3시간 30분(쉬는 시간 포함)

4. 난이도: 하

5. In: 지하철 3호선 경복궁역 / Out: 창의문(부암동)

☞ 창의문 탐방을 마친 후 윤동주문학관 옆에 있는 버스정류장으로 이동함. 이곳에서 다시 경복궁역으로 가는 버스를 탑승함.

6. 참고: 본문에서 말하지 않았지만, 인근에 있는 선바위와 국사당도 함께 탐방해보면 좋다.

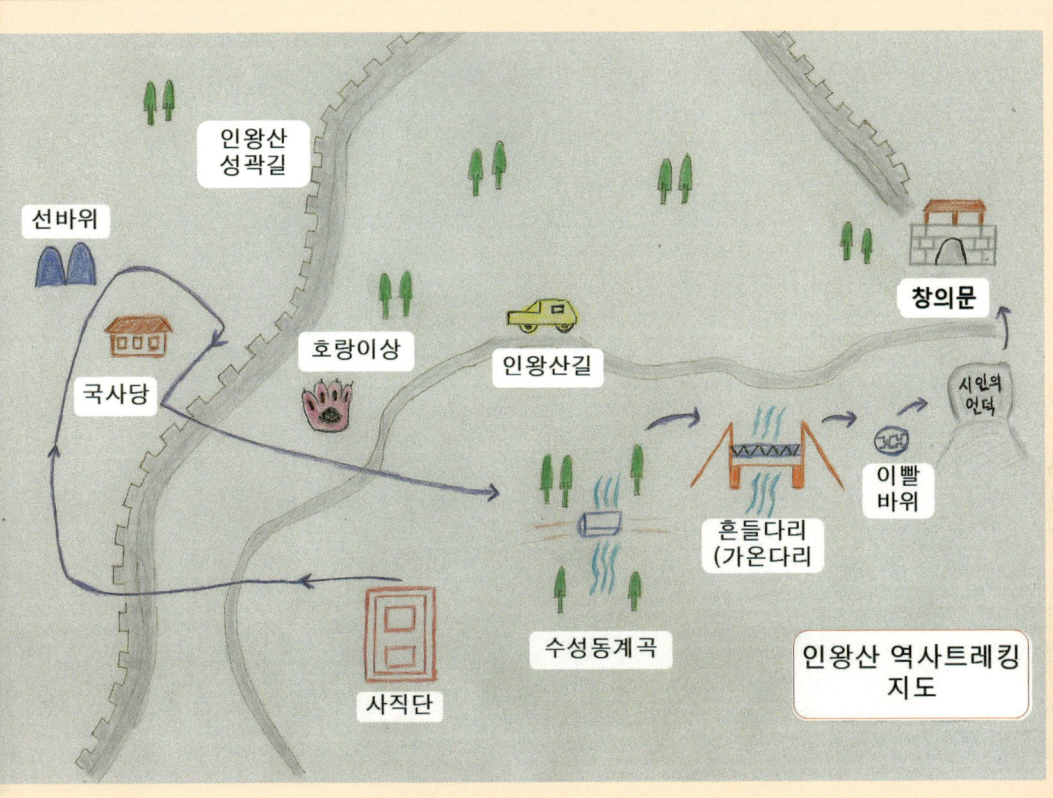

2

서울의 좌청룡 낙산

낙산 역사트레킹

낙산은 야트막한 산세 때문에 산책로로 많이 이용되었다. 또한 숲길이 우거져 있어 낙산 인근에는 별장들이 많았다. 인조의 셋째 아들이었던 인평대군이 지은 석양루(夕陽樓)를 비롯하여 18세기에 활약했던 문인 이심원이 지은 일옹정(一翁亭) 등 많은 별채가 있었다.

'인왕산 역사트레킹'에서 언급했던 내용을 복기해본다. 좌청룡·우백호 이야기이다. 서울에도 좌청룡과 우백호가 있다. 조선의 도읍지였던 한양이 풍수지리에 의거해 기획된 도시였기 때문이다. 그래서 '동쪽-청룡', '서쪽-백호'가 자리 잡고 있었던 것이다. 물론 '남쪽-주작', '북쪽-현무'도 빼놓을 수 없다.

우백호는 어디일까? 인왕산이다. 경복궁 옆쪽에 우뚝 서 있는 인왕산이 서울의 우백호 역할을 하고 있다. 좌청룡은 어디일까? 낙산이다. 혜화동 뒤편에 나지막하게 서 있는 낙산이 바로 서울의 좌청룡이다. 이화동 벽화마을, 낙산공원을 품고 있는 산이 바로 그 낙산이다.

낙산(駱山)은 높이가 약 125m로 키가 작은데 산의 형세가 낙타 등처럼 보인다고 하여 낙산 또는 낙타산이라고 불린다. 낙산은 인왕산과 동·서로 마주 보고 서 있다. 낙산은 좌청룡이기에 우백호인 인왕산과는 필연적으로 '용호상박'을 해야 하는 팔자다. 청룡과 백호의 피할 수 없는 한판 승부! 당신은 어디에다 베팅할 것인가?

세상을 뒤흔들 세기의 맞대결! 메가톤급 강편치가 천지를 진동한다. 세상의 모든 이들의 눈과 귀를 사로잡을 청룡과 백호의 물러설 수 없는 한판! 그 세기의 대결에 여러분들을 초대합니다. 절대 놓치지 마십시오. 마감 임박~!

하지만 소문난 잔치에 먹을 게 없는 법이다. 저렇게 프로모션을 띄운다고 해도 결과는 뻔하다. 세기의 대결치고 진짜 '세기의 대결'이 펼쳐진 거 본 적 있는가?

낙산공원. 낙산공원에서 바라본 북한산

우백호의 위세에 눌린 좌청룡

결론적으로 말해 서울의 청룡은 백호에게 게임이 안 된다. 체급부터가 차이가 나기 때문이다. 낙산은 해발고도가 125m로 338m인 인왕산에 비해 키가 절반에도 미치지 못한다. 낙산(동), 인왕산(서), 남산(남), 북악산(북)을 묶어 내사산으로 칭하는데 그 내사산 중에서 낙산이 가장 작다. 참고로 북악산은 340m, 남산은 270m이다.

해발고도가 낮으니 낙산은 산세도 그리 웅장하지 못하다. 이에 비해 인왕산은 민낯을 드러낸 것처럼 돌출된 암반면이 소나무들과 어우러져 절경을 이루고 있다. 300m급 산이 맞나 싶을 정도로 아름다운 풍광을 뽐내고 있다.

그렇게 우백호보다 기량이 달리는 좌청룡이었기에 그것을 보완해야 했다. 동쪽에 있는 좌청룡은 남자, 장자를 뜻했다. 이에 비해 서쪽에 있는 우백호는 여자, 차자 등을 뜻했다. 적장자 중심의 왕위계승을 중시했던 조선이었기에 좌청룡에 대한 보완은 분명히 필요했을 것이다. 이에 무학대사는 인왕산 아래에 궁궐을 짓자고 역설한다. 그리고는 궁궐의 방향을 동쪽인 낙산으로 향하게 하자는 주장을 펼친다. 이것이 '인왕산 주산론'이다. 하지만 당시의 실권자였던 정도전 세력들은 인왕산 주산론을 반대한다. 궁궐의 방향을 서쪽으로 둘 수 없다는 이유에서다. 정도전을 위시한 유교세력들의 주장이 힘을 얻었고 법궁이었던 경복궁이 북악산 아래에 들어서게 된다. 이것이 바로 '북악산 주산론'이다.

낙산에서 바라본 인왕산

이화동 벽화마을

200년 후를 내다본 무학대사?

자신의 주장이 꺾인 무학대사는 이런 말을 남기며 탄식했다고 한다.

"200년 뒤 경복궁에 어떤 일이 일어날지 너희들이 알겠느냐!"

이렇듯 무학대사를 위시한 불교세력들은 유교세력들에 의해 자기 의사가 꺾이고 만다. 불교세력들은 탄식할 수밖에 없었다.
그런데 정말 무학대사가 200년 후를 내다보며 저런 이야기를 했을까? 그가 노스트라다무스도 아닌데…. 200년 뒤에 무슨 일이 있었던 것일까?

태조 이성계가 한양으로 천도했을 때가 1394년이었으니, 200년 후는 1590년대였다. 그즈음에 누구나 다 아는 전쟁이 일어났다. 그렇다. '임진왜란'이라 불리는 조일전쟁이 1592년에 벌어진 것이다.

정말 무학대사는 200년 후를 내다보며 저런 예언을 했던 것일까?

무학대사의 예언(?)은 공식적인 사료에는 등장하지 않는다. 또한 무학대사의 예언은 개국 초기가 아닌 조일전쟁 이후부터 입에서 입으로 전해졌다. 당시 민초들은 지배층이었던 사대부들에게 전란의 책임을 묻고 있었던 것이다. 도성을 버리고, 백성도 버린 지배층에 대해서 힐난했다. 그런 책임을 묻는 자리에 무학대사를 등판시켰다. 자신들의 울분과 설움을 무학대사에게 투영하여 당시 지배층인 사대부들을 꾸짖고 있었던 셈이다.

동인의 핵심 김효원이 살았던 낙산

낙산은 야트막한 산세 때문에 산책로로 많이 이용되었다. 또한 숲길이 우거져 있어 낙산 인근에는 별장들이 많았다. 인조의 셋째 아들이었던 인평대군이 지은 석양루(夕陽樓)를 비롯하여 18세기에 활약했던 문인 이심원이 지은 일옹정(一翁亭) 등 많은 별채가 있었다.

명사들도 많이 살았다. 태종의 외손이었던 남이 장군, 우암 송시열이 이곳에 터를 잡았다. 동서분당의 핵심 인물 중 하나였던 김효원도 낙산 기슭에서 살았다. 김효원의 집이 동쪽에 있다고 하여 그를 따르는 무리를 동인이라고 불렀다. 이에 비해 서인의 거두 심의겸의 집은 지금의 덕수궁 근처라 한양의 서쪽에 있었다. 그래서 심의겸을 따르는 이들을 서인이라고 불렀다.

일설에 의하면 단종비인 정순왕후(定順王后)도 낙산에 은거해 살았다고 한다. 단종이 강원도 영월 땅으로 유배를 떠나고 난 후, 폐서인이 된 정순왕후는 이 산 아래에 있는 청룡사의 승려가 되었다는 것이다. 그렇게 임을 떠나보냈던 정순왕후는 이 산 동쪽에 있는 동망봉에 올라 매일같이 치성을 올렸다는 이야기가 전해지고 있다. 이렇듯 낙산은 누군가에게는 한이 서린 기원의 장소이기도 했다.

낙산성곽길. 시대에 따른 성곽돌의 변화를 관찰할 수 있다.

낙산 성곽길에서 성돌 모양 맞추기

낙산 역사트레킹의 백미는 성곽길을 걷는 것이다. 낙산 성곽길에서는 축성 시기에 따른 다양한 성돌 모양을 직접 관찰할 수가 있다. 한양도성은 축성 시기에 따라 크게 네 시기로 나눌 수가 있다.

1. 태조 시기. 이때는 토성(土城)과 석성(石城)이 혼합된 형태로 축성.
2. 세종 시기. 토성을 석성으로 개축.
3. 숙종 시기. 종전보다 더 큰 성돌로 축성.
4. 순조 이후 시기. 더 큰 성돌로 축성.

낙산 성곽길에서는 세종 시기부터 순조 이후까지, 즉 조선 전기부터 후기까지 성돌의 변천사를 직접 확인할 수 있다. 그런 성돌의 변화상을 비교해보는 것도 흥미로운 일이다. 그런데 처음 봐서는 잘 구분이 되지는 않을 것이다. 필자도 그랬다. 주변머리가 없어서 그랬는지 성돌 구분이 처음부터 확 되지는 않았다. 그래서 나중에는 나름의 구별법을 써봤다.

1. 세종 시기 → 옥수숫돌
2. 숙종 시기 → 두붓돌
3. 순조 이후 시기 → 주사윗돌

시간이 흐를수록 성돌은 점점 더 커져갔고, 규격화됐다. 후기로 갈수록 치석(治石)의 강도가 세지고, 돌의 크기도 더 커지는데 순조 시기에는 큰 주사윗돌 같은 형태가 나타난다. 여기서의 치석은 치과에서 말하는 치석이 아니라 돌을 다듬는 것을 말한다. 태조 시기의 돌들은 자연석을 옮겨놓는 수준이라 표면이 매우 거칠었다. 하지만 후기로 갈수록 치석이 강화되니 표면이 매끈한 성돌이 성체에 자리 잡게 된 것이다.

성북동 성곽길은 낙산이 아닌 백악산(북악산)에 속한다. 낙산 역사트레킹은 낙산을 다 걸은 후 성북동에서 종료한다.

낙산 정상에 올라서면 속이 다 시원해진다!

낙산은 서울의 안쪽을 감싸고 있는 내사산 중에 가장 키가 작다. 그래서인지 한양도성 낙산 구간은 인왕산이나 북악산 구간보다 훨씬 더 걷기 편하다. 인왕산이나 북악산 구간에는 급경사 구간이 있지만 이에 비해 낙산 구간은 시종일관 완만한 경사를 유지하고 있다. 선조들에게는 왜소한 좌청룡이라고 놀림을 받았지만, 역설적으로 성곽길을 탐방하는 여행객들에게는 찬사를 받는 것이다.

접근성도 상당히 좋다. 전철역에서 바로 성곽길 트레킹을 할 수 있기 때문이다. 지하철 1, 4호선 동대문역에서 하차한 후 흥인지문(동대문)을 둘러본 후 성곽길을 따라 트레킹할 수 있는 것이 낙산 트레킹의 큰 장점 중에 하나다.

그렇게 성곽길을 타고 올라가다 보면 이화동 벽화마을도 만날 수 있다. 벽화마을을 탐방한 후 언덕길을 올라가면 낙산 정상부인 낙산공원에 다다르게 된다. 이곳에 올라서면 속이 다 시원해질 정도로 멋진 풍광을 만날 수 있다. 눈앞에 북한산이 파노라마처럼 펼쳐지기 때문이다. 백운대·인수봉·만경대 등의 동북쪽 봉우리들뿐만 아니라 보현봉이나 형제봉 같은 남쪽의 봉우리들까지도 한눈에 다 들어오기 때문이다. 그 장면을 보면서 필자는 항상 이런 멘트를 했다.

"저 북한산 좀 보세요. 위쪽으로는 살짝 도봉산까지 보이죠? 북한산을 한눈에 다, 그것도 아주 가까이에서 바라보려면 이 낙산만큼 좋은 곳도 없습니다. 낙산이 키가 작아도 이렇게 참 실하지 않습니까?"

성곽길 낙산 구간이 끝날 무렵에는 동소문이라고 불리는 혜화문을 만나게 된다. 혜화문은 일제에 의해 철거됐다. 1994년 지금의 자리로 옮겨져 복원됐다. 낙산 역사트레킹은 북악산 성곽길도 걷는다. 그렇게 성북동 인근 북악산 구간을 걷다 와룡공원을 지나게 된다. 이후 트레킹은 만해 한용운 선생의 생가인 심우장에서 종료하게 된다.

원래는 사진 아래에 있는 도로에 있었다. 1928년 도로 확장에 따라 문이 헐리게 됐다. 이후 1994년에 현재의 위치로 복원됐다.

백성들의 피와 땀으로 만들어진 한양도성

서울은 약 1천만 명이 사는 메트로폴리탄이다. 그런 거대 도시에 축조된 지 600년도 더 넘는 거대한 성곽이 잘 버티고 서 있다는 게 참 대견스럽다. 서울의 내사산을 따라서 만들어진 한양도성. 마치 순리를 따르듯 자연지형에 녹아든 한양도성의 모습이 서울 메트로폴리탄을 더 돋보이게 한다.

그런 한양도성을 보면서 꼭 잊지 말아야 하는 것들이 있다. 무엇을? 이름 모를 백성들의 피와 땀이다. 역군으로 징발된 그들에게 성곽축조는 중노동 중에 상중노동이었다. 그 추운 계절에 동원된 그들에게 나라에서는 아무런 반대급부도 지급하지 않았다. 그래서 자신이 먹을 식량까지 각자 알아서 준비해야 했다. 농한기라도 힘없는 백성들은 느긋하게 쉴 수가 없었다.

죽기는 또 얼마나 많이 죽었겠는가. 그렇게 이름 모를 민초들이 피와 눈물을 흘려가며 한 땀 한 땀 성돌을 올린 것이 지금의 한양도성이다. 하지만 그들의 이름 석 자는 어디에도 기재되지 않았다. 공사를 지휘하던 관리들은 그나마 각자성석에 자신의 흔적을 남겼지만 민초들의 이름은 어디에도 찾아볼 수가 없다. 팔이 빠져라 성돌을 나르고 쌓았던 수많은 김개똥, 최돌쇠 등등…. 부르튼 그들의 손을 누가 제대로 기억이라도 해줬을까?

이름 모를 민초들은 성곽에 자신의 이름을 남기지 못했다. 하지만 그들의 피와 땀이 있었기에 성곽이 지금까지 보존될 수 있었다. 자연과 어우러진 한양도성이라는 예술작품을 그들이 공동으로 제작한 것이다. 김개똥도 최돌쇠도 공동으로 제작한 것이다. 대신 문서상으로는 그들의 이름이 기재되지 않았다. 작자미상이다. 물론 발주처는 명확하다. 조선 조정.

전통적 방향관과 현대적 방향관

"서울의 좌청룡이 낙산이고, 서울의 우백호는 인왕산입니다!"
이렇게 이야기를 하면 거의 다 알아듣는데… 그래도 좀 헷갈려하는 사람도 있다.
"제가 볼 때는 왼쪽이 인왕산이고, 오른쪽이 낙산인데요."
왜 이런 혼선이 있는가? 동서남북 중 어디를 중심으로 두고 바라보았느냐에 따라 왼쪽과 오른쪽이 달라지기 때문이다.

우리 조상들은 북쪽에서 남쪽을 바라보았다. 그래서 경복궁을 기준으로 왼쪽에 낙산이 있고, 오른쪽에 인왕산이 있다. 경복궁에서 남쪽으로는 남산이 바로 보인다. 그러니 왕이 보는 산이라 하여 남산을 그리도 중시한 것이다.

혹시 야구 좋아하시나? 그런데 야구로 방향을 잡자면 왼쪽과 오른쪽이 달라진다. 남산을 홈베이스라고 쳐보자. 그럼 인왕산이 왼쪽(left). 낙산이 오른쪽(right)이 된다. 이것이 바로 서구적 방향관이다. 현대적 방향관이기도 하다. 남쪽에서 북쪽을 바라보는 것이다.

요약
- 전통적 방향관: 북쪽에서 남쪽을 바라본다.
- 서구적·현대적 방향관: 남쪽에서 북쪽을 바라본다.

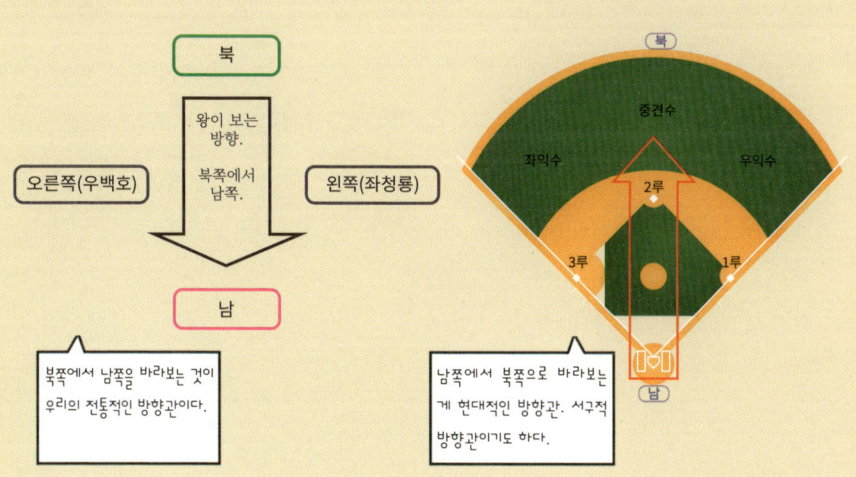

낙산 역사트레킹

1. 코스: 흥인지문 ⋯▶ 이화동벽화마을 ⋯▶ 낙산공원 ⋯▶ 혜화문 ⋯▶ 심우장

2. 이동거리: 약 7km

3. 예상시간: 약 3시간 30분(쉬는 시간 포함)

4. 난이도: 하

5. In: 지하철 1, 4호선 동대문역 / Out: 심우장(성북동)

6. 참고: 낙산 구간은 2km 남짓이라 트레킹하기에는 너무 짧다. 그래서 북악산 자락에 자리 잡은 성북동 심우장까지 걸어간다.

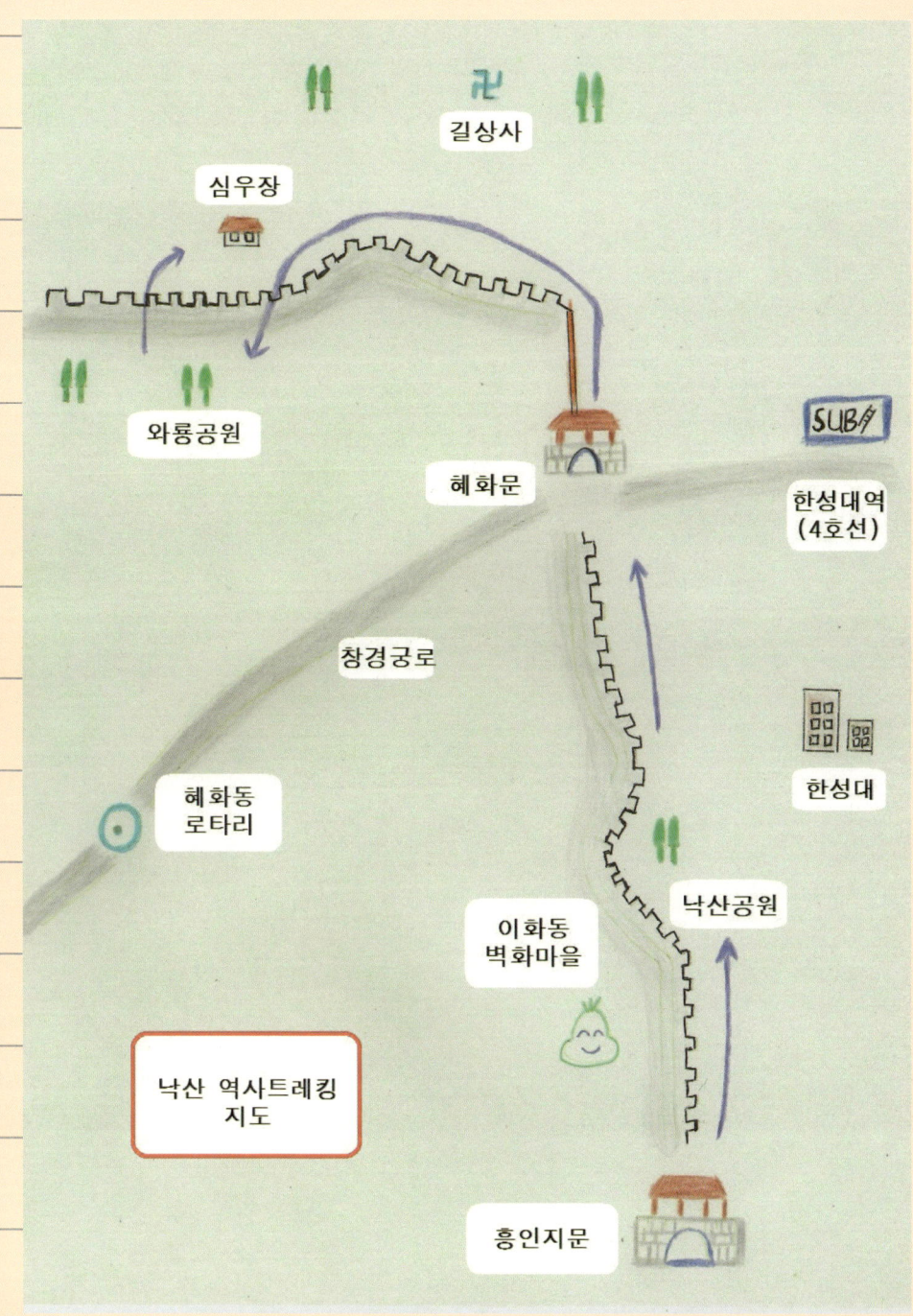

3

숲길에서 무아지경에 빠지다
백사실계곡 역사트레킹

사실 백사실계곡은 말이 계곡이지 거의 건천에 가깝다. 시원하게 물줄기를 뿜을 때를 거의 본 적이 없을 정도다. 그래서인지 계곡보다는 숲길이 더 주목받는다. 울창한 숲이 터널처럼 산책로를 감싸고 있어 삼림욕을 하기에 안성맞춤이다.

　누구나 다 자신만의 무대가 있을 것이다. 그곳에 올라서면 자신도 모르게 화색이 돌고 말에 힘이 넘치게 된다. 무대에 오르기 전까지는 힘에 부쳐 하다가도 올라서면 얼굴색이 달라진다. 마치 무아지경에 빠진 것처럼 엄청난 에너지를 발산한다.
　필자에게도 그런 무대가 있다. 그곳이 어디일까? 길이다. 더 정확히는 숲길. 숲길은 필자의 존재가치를 확실히 입증해주는 무대다.

북악팔각정에서 바라본 북한산 보현봉

세검정보다 고향 집 팔각정이 더 낫다?

이번 편에서는 백사실계곡 역사트레킹을 소개한다. 서울의 비경이라고도 불리는 백사실계곡은 북악산에 자리 잡고 있다. 백악산이라고도 불리는 북악산은 서울의 내사산중 가장 키가 큰 산이다. 높이가 340m이다. 앞에서 계속 언급했듯이 한양도성은 내사산을 연결하여 만들어졌다. 북악산-인왕산(338m)-남산(270m)-낙산(125m)을 연결하여 18.6km의 성곽을 쌓았다.

법궁이었던 경복궁이 그 아래에 자리 잡고 있듯, 북악산은 궁궐의 주산으로서 조선시대 내내 매우 중요한 역할을 했었다. 군주제에서 공화정으로 바뀐 오늘날도 그 역할은 계속되었다. 왜? 청와대가 있으니까.

백사실계곡 역사트레킹은 상명대입구에 있는 홍제천에서부터 시작한다. 3호선 경복궁역에서 상명대행 시내버스를 타고 약 15분 정도 이동하면 시작점에 도달한다.

홍제천은 모래가 많아 사천(沙川)이라고도 불렸다. 그 홍제천을 따라 백사실계곡으로 방향을 잡고 가면 세검정을 만날 수 있다. 세검정(洗劍亭)은 '칼을 씻었다[洗劍]'는 의미인데, 광해군과 관련이 있는 곳이다. 광해군을 몰아내고자, 인조반정을 획책한 이귀, 김류 등이 칼을 갈아 씻었다고 해서 세검정이라고 명명됐기 때문이다. 정자 정(亭)에서도 보듯 세검정은 계곡 옆에 지어진 정자다.

세검정 일대(종로구 부암동)는 예부터 많은 이들이 즐겨 찾는 명승지였다. 인왕산, 북악산, 북한산이 주위를 병풍처럼 두르고 있고, 홍제천이 너럭바위 위를 유유히 흐르고 있으니 시를 짓고, 그림을 그리는 데 안성맞춤이었다. 다산 정약용과 겸재 정선도 그렇게 시를 짓고, 그림을 그린 이들이었다. 정약용은 '유세검정(遊洗劍亭)'이란 시를 지었고, 정선은 〈세검정도(洗劍亭圖)〉라는 부채 그림을 그려 세검정을 칭송했다.

세검정

백석동천 각자바위

현재의 세검정은 1977년에 지어졌다. 1941년에 인근에 있던 종이공장에서 불이 났는데 불이 옮겨붙어 주춧돌만 남기고 완전히 소실됐다가 이후 36년 만에 복원된 것이다. 겸재의 부채 그림을 많이 참조하여 복원됐다고 하지만 실제로는 차이가 크다고 한다. 필자가 봐도 복원된 세검정과 겸재의 그림 속의 세검정은 닮지 않았다. 현재의 세검정은, 얼핏 보면 그냥 평범한 동네 정자로 보일 수도 있다. 그래서인지 트레킹팀의 누군가가 이런 말을 했었다.

"우리 고향 마을회관에 있는 팔각정이 더 좋아 보이는데요…."

부채에 그려진 수려한 주위 풍광은 되돌릴 수 없겠지만 문화재 복원만큼은 더욱더 정교하게 이루어졌으면 한다.

비밀의 화원, 백사실계곡

북악산은 많은 부분이 군사보호구역으로 묶여 있다. 그래서인지 1급수에서만 산다는 도롱뇽이 살고 있단다. 그곳이 정확히 어디냐? 바로 백사실계곡이다. 북악산의 북사면에 위치한 백사실계곡은 '비밀의 화원' 같다고 표현할 수 있다. 초고층 빌딩이 즐비한 중심가와 가까운 곳에 그렇게 한적한 장소가 있다는 것이 그저 고마울 따름이다.

사실 백사실계곡은 말이 계곡이지 거의 건천에 가깝다. 시원하게 물줄기를 뿜을 때를 거의 본 적이 없을 정도다. 그래서인지 계곡보다는 숲길이 더 주목받는다. 울창한 숲이 터널처럼 산책로를 감싸고 있어 삼림욕을 하기에 안성맞춤이다. 그저 한들한들 걷는 것만으로도 힐링이 되는 기분이랄까.

산책로를 따라 백사실계곡 위쪽으로 올라가면 큰 연못 자리와 함께 별서터가 나온다. 주춧돌만이 남아 있는 그곳은 오성대감 이항복의 별서터였다고 전해졌다. 그래서 필자는 예전에 이런 식으로 해설을 했다.

"예전에 이곳은 백사 이항복 선생의 별장터였어요. 이항복 선생은 '오성과 한음' 할 때, 그 오성이었죠."

하지만 2012년에 추사 김정희 선생이 그곳의 주인이었다는 고문서가 발견됐고, 백사실계곡의 별서는 추사 선생의 소유라는 게 정설이 되었다. 그래서 요즘은 이렇게 해설한다.

"예전에는 이곳이 오성대감 별장터라고 말했는데요. 이제 추사 선생의 문서가 발견됐으니 저는 이렇게 가정해봅니다. 이곳이 오성대감 소유였다가 나중에 추사 선생이 매입했다, 이런 식으로요. 오성대감은 조선 중기 때 인물이고, 추사 선생은 후기 때 인물이니까 충분히 가능하지 않을까요?"

말 그대로 가정이다. 과거의 행한 해설 오류를 만회하려고 나름대로 꼼수(?)를 써본 것이다.

백사실계곡 일대는 백석동천(白石洞天)이라고 불리는 곳이다. '동천'은 풍광이 수려한 곳을 지칭하는데, 어떤 풍류객이 '白石洞天' 네 글자를 보기 좋게 각자해 두었다. 백석동천 바위는 탐방객들의 포토존으로 많은 사랑을 받고 있다. 누구나 그곳을 탐방하면 그 바위 앞에 서게 될 것이다. 그리고는 카메라를 꺼내고 멋진 포즈를 취하게 될 것이다. 찰칵!

백사실계곡 초입의 현통사

서울 한복판에 능금마을이?

백석동천을 탐방하다 보면 능금마을이라는 곳을 만나게 된다. 능금마을은 군사보호구역으로 묶여 있어서 그런지 전원적인 모습이 물씬 풍기는 곳이다. 서울 도심지에서 그리 멀지 않은 곳에 비료포대가 쌓인 농촌마을을 보고 있자니 생경한 느낌이 들 정도다.

그렇다면 왜 능금마을이 북악산 서북쪽 부암동 부근에 있는 것일까? 아시다시피 능금이면 우리나라의 고유 사과종을 말하는데 능금으로 유명한 지역은 대구·경북 쪽이 아닌가? 이런 의문이 드시는 분들이 많을 것이다. 실제로 예전에 트레킹에 참가한 사람들도 그렇게 묻고 있었다.

"서울 한복판에 왜 사과마을이 있는 거예요?"

현재 창의문 밖, 부암동 일대는 '능금마을'이라는 말이 무색할 정도로 사과나무는 거의 찾아볼 수가 없다. 그저 '능금마을'이라는 마을 명칭만이 옛 흔적(?)을 확인해주고 있을 뿐이다. 하지만 1960년대까지만 해도 창의문 밖 능금은 경림금(京林檎)이라 하여 서울의 유명한 특산물이었다. 능금이 출하되는 가을 때쯤에는 전국에서 몰려온 상인들로 창의문 인근이 들썩였다고 한다.

그렇다면 왜 하필 창의문 밖에 능금나무가 많이 심겼을까? 먼저 산지 형태를 띠는 부암동 일대의 토양이 척박하여 논농사가 적합하지 않다는 것을 이유로 들 수 있겠다. 그럼 두 번째 이유는? 창의문의 역사와 관련이 있다. 그 두 번째 이유를 알아보기 위해서는 창의문의 역사를 더듬어 가야 한다.

연못과 수각터.
물에 세운 정자를 수각(水閣)이라고 한다. 백사실계곡 별서터 옆에는 수각이 세워졌던 기단들이 남아 있다. 현재 수각은 사라졌고, 연못은 메말랐다. 엄청난 비가 온 다음 날에는 마른 연못에 물이 차기도 한다.

인조반정과 능금마을

1623년 3월 13일. 창의문 밖 홍제원(지금의 서대문구 홍제동)에 집결

한 '의군(義軍)'들은 창의문을 부수고 창덕궁으로 진격한다. 반정군의 원두표가 도끼로 문을 부쉈다. 당시 창의문은 문루가 없었는데 임진왜란 때 불탔기 때문이다. 결국 반정군은 창덕궁을 점령했고, 광해군은 폐위된다.

능금마을 이야기를 하다 뚱딴지같이 왜 인조반정에 대해서 언급하는 것일까? 그렇다. 창의문 밖 능금마을은 인조반정과 무척 관련이 깊다. 인조는 반정에 협조했다 하여 창의문 밖 백성들에게 능금나무와 자두나무를 나눠주었다. 그게 부암동 능금마을의 시초가 된 것이다.

숙종 때에는 정책적으로 나무를 더 많이 심어 부암동 일대에 무려 20만 그루의 능금나무가 있었다고 한다. 가을이 되면 빨갛게 달아오른 사과들이 푸른 잎들 사이에서 대롱대롱 매달려 있었을 것이다. 아주 멋진 장관이 펼쳐졌을 것 같다. 거기에 인왕산 서편으로 석양이 지는 모습까지 어우러지면….

창의문 밖 능금, 경림금은 그렇게 서울을 대표하는 특산품이 되었다. 추석 차례상에 빠지지 않고 오르는 제례 물품이 되었다.

백사실계곡은 울창한 여름숲도, 단풍이 지는 가을숲도 좋다. 이렇게 좋은 길을 걸으니 어깨춤이 들썩이고 얼굴에 화색이 도는 거겠지!

북악스카이웨이와 북악산 산책로

능금마을을 돌아가면 약수터가 나온다. 산길도 이어진다. 백사실계곡 숲길보다는 덜하지만, 여기도 정말 걷기에 좋은 길이다. 걷다 보면 어깨춤을 추거나 콧노래가 흘러나오는 곳이다. 필자는 둘 다 했다. 어깨춤을 추며 콧노래를 불렀다.

이제 북악스카이웨이를 따라간다. 북악팔각정을 향해가는 것이다. 일명 북악스카이웨이로 불리는 북악로는 1968년 9월에 완공됐다. 이 도로는 그해 1월 21일에 있었던 청와대습격사건(일명 김신조 사건)의 여파로 만들어졌다. 서울 방어목적으로 개통됐다.

무장공비의 청와대 습격이라는 엄청난 사건의 여파로 만들어졌지만, 이 도로는 관광용으로 더 많이 애용됐다. 도로 정상부에 북악산 팔각정이 있는데 이곳에 올라서면 서울을 한눈에 다 내려다볼 수 있기 때문이다. 내사산은 물론 멀리 관악산과 아차산 등 외사산까지도 다 볼 수 있는 곳이 바로 북악산 팔각정이다.

북악산 팔각정은 석양 질 무렵이 가장 낭만적이다. 뒤쪽 북한산 서편으로 펼쳐진 붉은 노을을 감상한 후에 앞쪽으로 이동하여 서울의 야경을 보는 것이 정석이다. 노을도 보고 야경도 보고, 일석이조다.

이렇듯 자연과 도시의 낭만을 동시에 품고 있는 북악스카이웨이는 1960~1970년대 신혼여행지로 많은 사랑을 받았다. 당시에는 택시를 타고 북악스카이웨이나 남산을 한 바퀴 도는 것이 신혼여행의 전부였던 시절이었다. 해외여행이 흔한 일상이 된 요즘과 비교해보면 정말 격세지감이다.

한편 북악산 산책로는 한양도성 북악산 구간과는 다르다. 성곽 구간을 포함하여 북악산 일대는 안보상의 이유로 출입이 통제됐다 2006년 이후 순차적으로 일반인들에게 개방됐다. 2022년 4월에는 북악산 개방의 마지막 퍼즐이라고도 불렸던 '청와대 뒷길' 구간도 개방하게 된다.

  팔각정에서 성북동 쪽으로 내려가는 길은 군인들의 보초로이다. 그 길을 걷다 보면 지금 자신이 서울 중심부에 있다는 것을 까맣게 잊게 될지 모른다. 그만큼 그 길 주변은 때 묻지 않은 자연경관을 유지하고 있다.

숲길은 나의 무대

  누구나 다 자신만의 무대가 있을 것이다. 그 무대가 누구에게는 실험실일 수도 있고, 누구에게는 그라운드일 수도 있다. 또 누군가에게는 주방일 수도 있다. 누구의 무대가 더 좋고 나쁜지는 굳이 우열을 가릴 필요는 없다. 그저 묵묵히 무대에 올라 자신만의 에너지를 발산하면 되는 것이다.

백사실 계곡의 봄

백사실계곡 역사트레킹

1. 세부코스: 세검정 ⋯▶ 백사실계곡 ⋯▶ 북악스카이웨이 ⋯▶ 북악산팔각정 ⋯▶ 성북동

2. 이동거리: 약 7km

3. 예상시간: 약 3시간 30분

4. 난이도: 하

5. IN: 부암동 / OUT: 성북동 ⋯▶ 3호선 경복궁역에서 상명대행 버스 탑승, 상명대 하차.

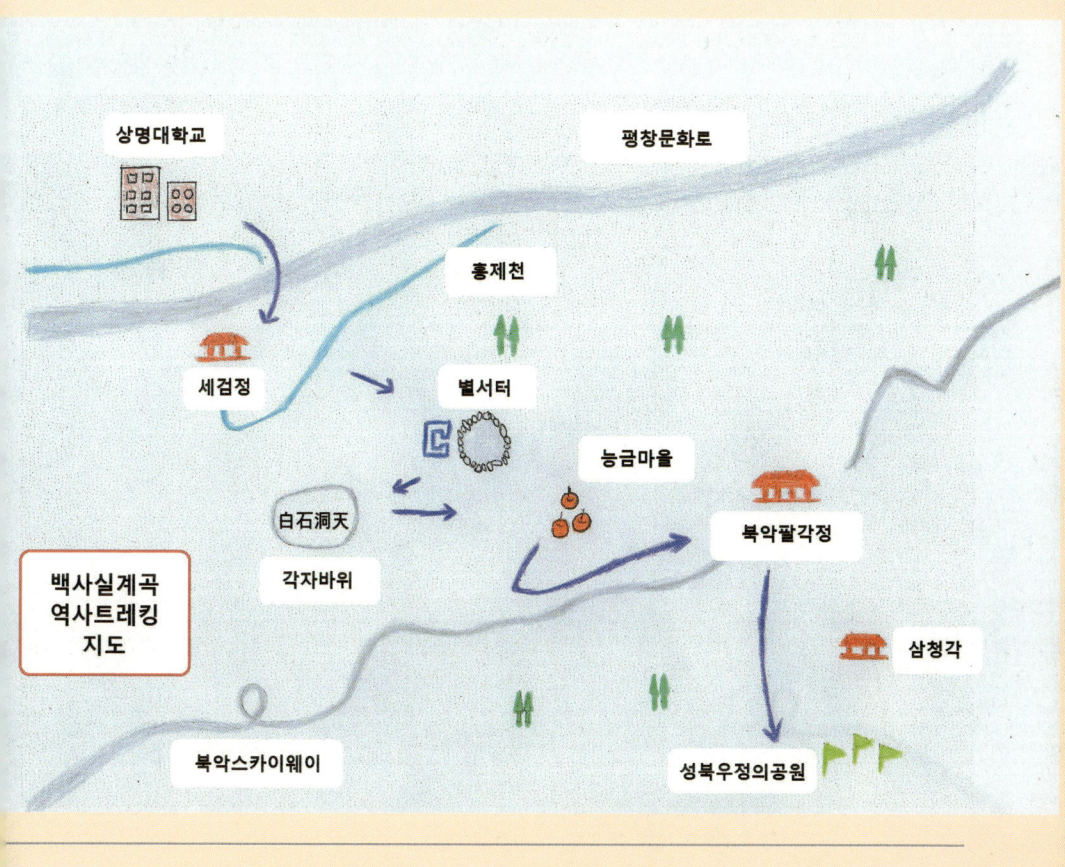

4

남산, 너무나 당연히 가야 할 곳!

남산 역사트레킹

야트막한 산이지만 남산은 조선시대 때 무척 귀한 대접을 받았다. 궁궐에서 임금님이 보고 있는 산이라 하여 함부로 건물도 짓지 못하게 하고, 나무도 베지 못하게 했다. 그에 더해 목멱대왕(木覓大王)이라는 벼슬까지 내려진다. 해당 산의 산신령에게 관직을 주며 도성을 방어하라는 뜻이었다.

처음 남산 역사트레킹 코스를 기획했을 때가 기억난다. '다른 좋은 곳도 많은데 굳이 남산까지 할 필요가 있나?'

서울 사람들에게 남산은 너무 당연한 곳이다. 너무 당연하다 보니 서울 사람들은 굳이 남산을 우선순위에 두지 않는다. 반대로 지방이나 외국 여행객들은 서울에 와서 63빌딩, 한강 유람선, 남산타워를 필수적으로 여행한다. 그래서인지 남산 역사트레킹을 행한다고 공지했을 때 이런 말을 가장 많이 들었다.

"남산 뻔하지 않아요? 거기에 트레킹할 만한 곳이 있어요?"

남산성곽

그 뻔함 속에서도 의미를 찾으려고 열심히 답사했던 것으로 기억한다. 당연한 곳치고는 꽤 많이 사전답사를 했다. 그 노력이 통했을까?

남산에서 바라본 서울 중심부.
가까이는 북악산이 보이고, 멀리는 북한산이 보인다.

목멱대왕 남산

조선시대 남산은 목멱산(木覓山)이라는 이름으로 더 많이 불렸는데, '인경산', '종남산'이라는 별칭도 있었다. 남산은 키가 작은 산이다. 해발 270m 정도이니 내사산 중에서 세 번째로 작은 산이다. 복습해보자. 북악산(340m), 인왕산(338m), 남산(270m), 낙산(125m). 이 중에서 남산이 뒤에서 두 번째다.

야트막한 산이지만 남산은 조선시대 때 무척 귀한 대접을 받았다. 궁궐에서 임금님이 보고 있는 산이라 하여 함부로 건물도 짓지 못하게 하고, 나무도 베지 못하게 했다. 그에 더해 목멱대왕(木覓大王)이라는 벼슬까지 내려진다. 해당 산의 산신령에게 관직을 주며 도성을 방어하라는 뜻이었다. 산신령을 도성방어에 끌어들이다니…. 판타지 같은 소리인가? 산을 귀하게 여겼던 우리의 산악신앙은 유교 국가인 조선시대에도 계속 이어졌다.

남산, 당연히 가야할 곳! 65

한 가지 짚고 넘어갈 것이 있다. 당시 북악산도 진국백(鎭國伯)이라는 작위를 받게 된다. 백(伯)이라고 하면 백작이다. 경복궁의 뒷산인 북악산에게는 제후의 작위를 준 것이다. 제후의 서열을 나눈 오등작은 이렇다.

'공작 〉 후작 〉 백작 〉 자작 〉 남작'

북악산의 지위와 비교해보면 '왕' 칭호를 받은 남산이 얼마나 귀하게 대접받았는지 알 수 있다. 그렇게 소중하게 관리한 곳이라 그런지 울창한 소나무 숲이 잘 조성될 수 있었다.

"남산 위에 저 소나무 철갑을 두른 듯~"

'애국가' 가사에 나올 정도로 남산의 소나무는 우리 민족의 정기를 담아내는 하나의 표상이었다. 하지만 일제강점기에 남산의 소나무들은 수난을 당하게 된다. 소나무를 함부로 잘라내고 그 자리에 아카시나무를 심었던 것이다. 이렇듯 남산은 일제강점기 때 엄청난 수난을 당하게 된다. 시초는 구한말로 올라간다. 1876년, 강화도조약 이후, 조선 정부는 일본인 거류지로 남산 일대를 지정해주는데 궁궐에서 한 치라도 먼 곳을 지정하려고 그랬다. 그렇게 남산 일대는 일본인들이 자리를 잡게 됐고, 결국에는 조선 신궁도 만들어지게 된다.

남산서울타워 야경

남산팔각정. 옛 국사당 자리이다.

남산에도 둘레길이 있다

자, 이제 길을 나서자. 복원된 '남산 위의 저 소나무'를 만나러 가자. 남산 역사트레킹은 6호선 버티고개역에서 집합한 후 시작한다. 트레킹팀이 가장 먼저 만나는 버티고개는 남산의 동쪽에 있는 고개 이름이다. 이곳은 그동안 차로로 끊겨 있다 2012년 5월에 생태통로(생태다리)로 복원되었다. 버티고개와 관련된 이야기는 〈한강전망대 역사트레킹〉 편에서 자세히 다룰 예정이다.

이제 트레킹팀은 국립극장을 지난 후 드디어 남산에 들어선다. 이때 트레킹팀 앞을 남산순환버스가 지난다. 어떤 사람이 농담 삼아 이런 말을 한다.

"저 버스 잡아타고 갈까요? 아니면 케이블카?"
"아니요. 버스나 케이블카보다 더 좋은 남산둘레길을 따라갈 겁니다!"

그렇다. 남산에도 둘레길이 있다. 2015년 11월에 개통된 남산둘레길이 바로 그곳이다. 기존에 있던 북쪽 순환로와 남쪽 숲길을 연결하여 총 7.5km의 도보여행길이 만들어졌다. 북측 순환로는 아스팔트 포장이 된 곳을 걷기에 큰 공원을 걷는 느낌이라면, 남쪽 숲길은 말 그대로 숲길을 걷는 코스다. 서울 중심부인 남산에 울창한 숲길이 있다는 게 놀라울 정도다. 그래서인지 트레킹팀은 이구동성으로 이런 반응을 보였다.

"어, 남산에 이렇게 멋진 숲길이 있었어요? 우리가 아는 남산이 아니었어!"

남산둘레길은 북쪽 순환로 구간보다는 남쪽 숲길 구간이 걷기에도 좋을뿐더러 휴식 공간도 더 넉넉하다. 팔도소나무 단지와 야외식물원 등 볼거리도 풍성하고, 관악산 방면을 조망할 수 있는 전망대도 있어서 좋다.

성곽과 소나무

남산둘레길은 완경사라 초보자들도 어렵지 않게 트레킹을 즐길 수 있다. 그렇게 한들한들 걷다 보면 어느새 정상부에 다다른다. 그리고 앞에 나타난 성곽길을 보며 탄성을 자아내게 된다. 성곽 앞에 소나무 숲이 펼쳐지는데 그 모습에 감탄사가 나온 것이다.

"남산에 이런 소나무 숲이 있었어요? 성곽하고 소나무하고 너무 잘 어울려요!"
"그렇죠. 여기는 남산이 숨겨놓은 소나무 숲 같아요. 성곽하고 소나무하고 이렇게 잘 어울린답니다."

성곽 바깥쪽에 소나무를 일정 간격으로 심어 솔밭을 만든 구간이다. 아래쪽에는 맥문동을 심어 운치를 더했다. 맥문동이 개화하는 여름철에 이 소나무 성곽길을 걷다 보면 어느새 풍류객으로 변한 자기 자신을 발견하게 될지도 모른다.

몇 해 전 여름이었다. 소나기가 지나간 자리를 트레킹팀과 함께 걷고 있었다. 남산도 산이라고 물안개가 피어오르는 것이 아닌가. 물안개를 머금고 있는 푸른 소나무와 보랏빛을 뽐내고 있는 맥문동꽃, 그리고 그 뒤를 병풍처럼 지키고 있는 성곽이 어우러진 모습이란! 무슨 사극이라도 찍는 느낌이었다.

"남산 위에 저 소나무를 물안개하고 성곽길하고 같이 만나네요."
"쉿! 강사님 운치 깨지 말고, 쉿!"

그렇다. 풍류를 즐기는 걸 방해하면 안 된다. 분위기 파악을 해야 했는데…. 참고로 남산에는 태조 이성계 시대에 쌓은 석성(石城) 구간이 아직 남아 있다. 태조 시기 한양도성은 토성(土城)이 70%였고, 석성이 30% 정도였다. 태조 시기에는 자연석을 거의 다듬지 않고 그대로 쌓아 올려 성돌이 무척 거칠다. 한양도성이 전부 석성으로 바뀐 시기는 세종 때였다.

성곽과 소나무. 비 온 후의 모습이다.

국사당과 봉수대

이제 국사당이 있던 자리로 발걸음을 옮긴다. 지금의 남산 팔각정 자리에 옛 국사당이 자리 잡고 있었다. 앞서 조선시대에 남산을 목멱대왕으로 봉하고 호국의 신으로 삼았다고 했다. 이때 제사를 지내기 위해 사당이 세워졌는데 이것을 국사당, 또는 목멱신사(木覓神祠)라고 불렀다.

이 국사당에서는 봄과 가을에 국가의 공식행사로 제례를 올렸다. 유교 중심주의를 표방하며 건국된 조선에서조차도 산신령을 모시는 사당을 짓고, 제사를 지냈다. 그렇게 목멱대왕을 모셨던 국사당은 1925년 지금의 인왕산 선바위 아래로 옮기게 된다. 일제가 남산 중턱에 조선 신궁을 세웠는데 자기들의 신궁 위에 국사당이 있는 것을 꺼림칙하게 여겼던 것이다. 국사당이 선바위 부근으로 옮겨오게 된 건, 인왕산이 무학대사의 기도처였기 때문이었다. 국사당(國師堂)에서 '국사(國師)'는 무학대사를 뜻한다고 전한다.

남산 팔각정 옆으로는 복원된 봉수대가 보인다. 경봉수(京烽燧)라고도 불린 남산 봉화는 매일 병조에 보고될 정도로 무척 중요한 통신 수단이었다. 적의 위협에 따라 하나에서 다섯까지 횃불을 올렸는데 정리하면 이렇다.

하나: 이상 없음
둘: 적 출현
셋: 적이 국경에 접근
넷: 적이 국경을 침범
다섯: 전투 상황

서울 한복판에 제갈공명?

정상부에서 내려온 트레킹팀은 이제 북쪽 순환로를 따라 걷는다. 북쪽 순환로는 폭이 넓어서 좋기는 하지만 흙길이 아니라 걷는 맛이 좀 떨어진다. 트레킹팀의 공통된 의견이었다. 걷다 보면 남산한옥마을로 빠질 수도 있는데 트레킹팀은 와룡묘(臥龍廟)까지 가본다. 와룡묘라고 하니까 이런 질문들이 나온다.

"와룡묘요? 와룡묘라 하면 삼국지에 나오는 제갈공명의 무덤이에요?"

와룡묘

딩동댕~땡! 반은 맞고 반은 틀리다. 와룡이 제갈공명이라는 건 맞는 말이지만 무덤은 아니고 사당이다. 한자를 보시면 무덤 묘(墓)가 아니라 사당 묘(廟)다. 그렇다. 남산의 북서쪽에는 제갈공명을 기리는 와룡묘가 있다. 와룡묘에는 제갈공명과 함께 관운장의 석고상도 있다. 그뿐만이 아니다. 단군상과 삼성각도 있다. 그리고 보면 와룡묘는 중국의 도교 신앙을 한국 스타일로 받아들인 것으로 볼 수 있다.

서울 한복판에 왜 와룡묘가 있는 것일까? 와룡묘는 고종의 후궁이었던 엄귀비(순헌황귀비)가 만든 것으로 알려져 있다. 기존의 체제 질서가 뿌리째 흔들렸던 구한말, 사람들은 마음 둘 곳을 찾아야 했다. 중국의 신령들까지 끌어올 정도로 당시는 다급했던 것이다. 와룡묘는, 1924년에 큰 불로 소실됐던 전각들을 1934년에 복구해 현재에 이르고 있다.

제갈공명은 맹격(盲覡)이 숭상하는 신이다. 맹격은 눈이 먼 무당을 말한다. 그래서인지 북쪽 순환로에는 눈이 불편한 분들을 자주 뵙는다. 아마도 와룡묘에 치성을 드리러 가시는 분들일 거다.

이렇게 남산 역사트레킹이 끝났다. 서울 사람들에게 너무나 당연한 남산. 외국인들도 가는 그 길을 우리나라 사람들이 안 가면 너무 섭섭하지 않은가. 그러니 당연히 가봐야 한다.

남산 역사트레킹

1. 코스: 버티고개 ···▶ 남산둘레길 ···▶ 소나무숲(성곽길) ···▶ 팔각정(옛 국사당)

    ···▶ 와룡묘

2. 이동거리: 약 8km

3. 예상시간: 약 3시간 30분(휴식시간 포함)

4. 난이도: 하

5. IN: 지하철 6호선 버티고개역 3번 출구 / OUT: 와룡묘

    ☞ 와룡묘에서 소파로(돈가스거리)로 내려와 명동역 방면으로 이동할 수 있음.

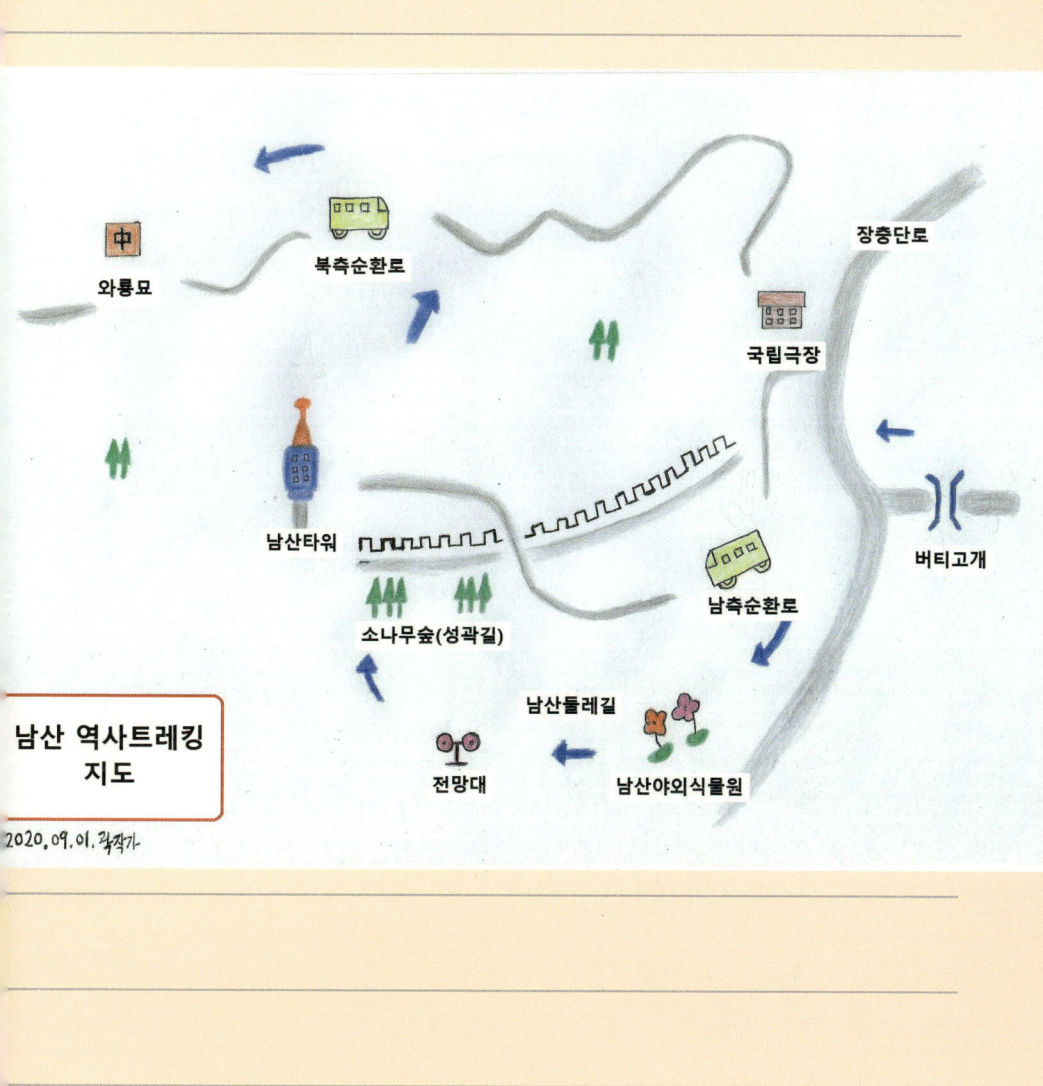

5

개명했더니 장사가 되네!

한강전망대 역사트레킹

한강은 예전부터 다양한 이름으로 불렸다. 광개토대왕비문에는 '아리수'라고 기재되어 있고, 고려시대에는 '열수'라고 불리기도 했다. 지역적으로 다른 이름을 가지기도 했는데 경기도 여주 지역은 '여강'이라고 불렸고, 임진강과 합수되는 한강 하류 일대는 '조강'이라고 불렸다.

"원래 이 코스의 이름이 '서울 내부트레킹'이었습니다. 그런데 지금은 '한강전망대 역사트레킹'으로 강제 개명을 했어요."

"왜요?"

"이름이 '서울 내부트레킹'이라고 하니까 사람들이 감을 못 잡더라고요."

"그래서 지금은 감을 잡나요?"

"그건 모르겠는데 최소한 예전보다 장사는 좀 되네요. 사람들이 조금 더 많이 와요."

트레킹 코스도 이름을 잘 지어야 한다. 해당 명칭에서 사람들의 발걸음을 확 이끌 수 있는 무언가를 전달해주어야 한다. 그런 의미에서 본 '한강전망대 역사트레킹'은 예전 명칭인 '서울 내부트레킹'보다는 훨씬 더 낫다. 적어도 사람들의 발걸음을 확 이끌었으니까.

그렇다고 서울 내부트레킹이라는 이름이 아예 틀린 것만은 아니었다. 본 코스는 '서울숲-남산'을 연결하여 걷기 때문이다. 서울의 내부를 가로질러 가기 때문에 예전에 저런 작명을 했다. 전편에 이어 남산 부근을 조금 더 알아보자.

매봉산 팔각정에서 바라본 한강. 서울의 동쪽 지역 모습이다.

매 사냥터였다는 매봉산

'한강전망대 역사트레킹'의 시작점은 지하철 5호선과 6호선이 지나는 청구역이다. 청구역에서 첫걸음을 뗀 후 가장 먼저 만나는 곳은 금호산이라고도 불리는 매봉산이다. 조선시대 왕들이 매를 풀어 사냥했다고 해서 붙여진 이름이다.

현재 매봉산은 응봉근린공원의 한 축으로 속해 있다. 그 응봉근린공원은 남산과 서울숲을 연결해주는 역할을 하고 있다. 지금이야 도심지의 확장으로 중간 중간 녹지축이 잘려 나갔지만, 예전에는 남산에서부터 응봉산까지 하나의 능선으로 이어졌다고 한다.

응봉산은 조선 초기 동빙고(東氷庫)가 있던 산으로 지금은 개나리 축제로 유명한 작은 산이다.

사냥감을 노리는 '매'서운 눈빛이 사라진 매봉산이지만 그곳에 올라서면 눈이 크게 떠지게 된다. 시원스럽게 한강을 조망할 수 있기 때문이다. 이렇게 한강을 가깝게 전망할 수 있는 곳은 매봉산 팔각정이다. 이곳에 올라서면 서울을 흐르고 있는 한강의 동쪽을 관찰할 수 있다.

여기서 잠깐 한강에 대해서 좀 더 알아보자. 한강은 예전부터 다양한 이름으로 불렸다. 광개토대왕비문에는 '아리수'라고 기재되어 있고, 고려시대에는 '열수'라고 불리기도 했다. 지역적으로 다른 이름을 가지기도 했는데 경기도 여주 지역은 '여강'이라고 불렸고, 임진강과 합수되는 한강 하류 일대는 '조강'이라고 불렸다.

매봉산 팔각정 앞에 있는 동호대교는, '동호'라는 옛날 그 지역의 명칭을 따서 지었다. 동호는 서울의 동쪽 지역 한강을 일컫는 말이다. 한강이 마치 호수처럼 잔잔하게 보인다고 하여 그렇게 지었다고 한다.

팔각정에 올라서면 강남 방면으로 꺾여 나가는 한강의 역동적인 모습을 관찰할 수 있다. 날씨가 좋은 날에는 인근에 있는 아차산은 물론 멀리 팔당대교 부근까지 조망할 수도 있다.

연이어 놓여 있는 한강 다리들의 이름을 맞춰보는 것도 하나의 재미다. 동행한 사람들과 한강 다리 이름 맞추기 놀이를 해볼 수도 있다. 필자도 동행한 트레킹팀과 함께 이 놀이를 해봤다. 결과는? 비밀!

응봉근린공원 표지석

남산성곽길

'버티고개에 앉아 있는 놈'이 되지 말자!

"밤중에 버티고개에 가서 앉을 놈이다."

이런 속담을 들어본 적이 있는가? 사람들한테 사기나 치고, 민폐나 끼치는 못된 놈들을 욕할 때 쓰는 말이다. 버티고개는 약수동에서 한남동으로 넘어가는 고개다. 버티고개, 번터고개라고도 불린 이 고개는 길이 좁은 데다 도둑들까지 들끓는 터로 악명이 높았다.

옛날 순라꾼들이 '번도'라고 외치며 도둑을 경계하거나 추격했는데, 그 말이 변하여 '번티'라 불렸다가 다시 '버티'로 바뀌었다고 한다.

예전 한밤중에 버티고개에 앉아 있다면 어떤 일이 벌어졌겠는가? 아마도 끔찍한 일이 벌어질 것이다. 그러니 남들에게 민폐나 끼쳐서 '밤중에 버티고개에 앉을 놈'과 같은 욕을 먹지 말아야 할 것이다.

물론 지금의 버티고개는 걷기에 좋은 길이 됐다. 안전한 생태다리가 설치되어 있는데 그 길을 따라 남산의 동쪽 방면을 보며 걸을 수 있다. 그렇게 버티고개를 넘으면 동남쪽 한양도성 길과 만나게 된다. 이 구간의 성곽길은 신라호텔 후면을 돌아간다. 사유지였던 곳이 개방된 터라 비교적 성곽의 흔적이 잘 보존되어 있다.

현대사가 고스란히 녹아 있는 장충단공원

가수 배호의 노래 '안개 낀 장충단공원'으로 유명한 장충단(獎忠壇)은 원래 제례를 드리는 공간이었다. 이곳은 어영청의 분소인 남소영(南小營)이 자리 잡고 있었는데 남소영은 도성의 남부지역을 방비하는 군영이었다.

이 자리에 장충단이 들어서게 된 건 1900년 9월경이었다. 고종은 을미사변(1895)으로 살해된 명성황후와 신하들의 넋을 추모하고자 장충단을 세웠다. 처음에는 시위대장 홍계훈을 비롯한 장병들만 제사를 지냈으나 이후에는 이경직 같은 궁내부 대신들도 배향되었다. 더불어 임오군란, 갑신정변 당시에 순직한 문신들도 배향되면서 많은 문무관이 장충단제향신위(獎忠壇祭享神位)에 봉안됐다.

공원 중심부에 서 있는 장충단 비석의 앞면은 순종이 직접 쓴 글씨를 새긴 것이다. 순종은 명성황후의 둘째 아들이었으니 글자를 써 내려가면서 울분을 토했을 것이다. 장충단은 1910년, 일제에 의해 폐사된다. 1920년대 일제는 장충단을 공원화하면서 그곳의 정신을 앗아가게 된다. 마치 '종묘사직' 할 때의 '사직단'이, 1922년 사직단공원이 된 것과 같이 격하된 것이다.

을미사변 희생자들의 넋들이 빠져(?)나간 장충단에는 일본 제국주의자들의 추모시설들이 그 자리를 채워나갔다. 이토 히로부미(伊藤博文)가 안중근 의사에게 저격당해 죽었을 때인 1909년에 일본은 장충단에서 추도대회를 열었다. 이후 이토 히로부미를 추모하기 위해 박문사(博文寺)가 세워졌고, 상해사변(1932) 때 폭탄을 안고 적진(?)을 향해 나아갔던 육탄삼용사를 기리는 동상도 세워졌다.

육탄삼용사는 가미카제의 원형이 되었다고 하는데 그 실상을 들여다 보면 '피식' 웃음이 나온다. 중국군의 철조망을 제거하기 위해 그들은 폭탄에 불을 댕겼는데 생각한 것보다 심지가 빨리 탔다는 것이다. 그러면 어떻게 됐을까? 그냥 폭사했다. 그런 3인을 위해 일제는 동상을 세웠다. 일제가 만든 그런 시설은 광복 후에 다 철거됐다.

남산성곽길. 단풍이 잘 물든 가을날에 촬영했다. 나무가 울창해서 성곽이 잘 보이지 않는다. 대신 뒤에 보이는 북한산은 시원스럽다.

정치집회 장소로 쓰였던 장충단공원

광복 이후 장충단공원은 정치집회 장소로 쓰이기도 했다. 수많은 정치집회 연설 중 두드러진 연설이 하나 있었다. 1971년 4월 18일, 당시 신민당 대통령 후보였던 김대중의 선거 유세가 바로 그것이다. 그해 4월 27일에 제7대 대통령 선거가 있었다. 선거기간 김대중의 유세연설 내용은 무척 파격적이었다.

"이번에 우리가 집권하지 못하면 박정희 씨의 영구집권 총통시대가 온다."

그의 연설처럼 1972년에 유신헌법이 제정됐고, 박정희는 영구집권을 꿈꾸게 된다. 1979년 10월 26일에 한 발의 '총탄'이 있기 전까지 박정희는 실질적으로 총통이었다. 삼권분립은 그저 교과서에서만 존재했다.

이 외에도 김대중은 향토예비군 폐지, 남북간 비정치적 영역 교류 실시, 지방자치제 도입 등을 언급했다. 지금이야 새로울 것 없지만, 당시의 시각으로는 상당히 파격적인 내용이었다. 장충단공원에 모인 100만 가까운 인파들 앞에서 저런 '센세이셔널'한 내용들이 확성기를 타고 퍼져 나갔으니 당시 집권세력은 얼마나 긴장했겠는가?

청계천 복원의 핵심, 수표교

장충단공원에는 수표교(水標橋)도 있다. 청계천에 세워져 있던 수표교는 1958년, 청계천이 복개될 때 철거되어 홍제동으로 이전했다가 1965년부터 장충단공원 입구에 자리 잡게 됐다.

수표교는 1420년(세종 2)에 처음 세워졌는데, 그때 이름은 마전교(馬廛橋)였다. 마전교가 수표교라는 새로운 이름으로 변경된 건 1441년(세종 23)의 일이다. 그해 강수량을 측정하기 위해 다리 아래에 양수표(量水標)를 세웠는데, 그것을 계기로 수표교로 개칭되었다.

수표교의 매력은 다리 난간에 있다. 난간이 있는 다리는 궁궐에서나 쓰였다.

조선시대 민간의 다리는 징검다리나 섶다리 수준이었다. 그래서 수해가 나면 다리가 흔적조차 없어지는 경우가 많았다. 하지만 수표교는 튼튼한 돌다리인 데다 고급스러운 난간까지 더해졌다. 백성들이 이용하는 다리 중에 수표교처럼 궁궐의 양식으로 격조 높게 축조된 다리는 거의 없을 것이다.

한편 수표교의 돌기둥에는 '경진지평(庚辰地坪)'이라는 글자가 새겨져 있다. 이것은 1760년(영조 36), 그해에 있은 대대적인 청계천 준설 과정에서 새겨진 것이다. 이렇듯 수표교는 역사적으로 건축학적으로 무척 중요한 다리다. 하지만 청계천 복원이 된 지금도 원래 위치로 돌아가지 못하고 있다. 현재의 청계천 자리에는 '짝퉁 수표교'가 세워져 있다.

한강도 보고, 버티고개도 넘고, 장충단도 탐방하는 한강전망대 역사트레킹! 그렇게 서울 내부를 가로질러 가다 보면 생각지도 못한 곳들을 탐방하게 된다. 생각지도 못한 울창한 숲길에 매료되게 된다.

수표교

한강전망대 역사트레킹

1. 코스: 금호산 ⋯▶ 매봉산팔각정 ⋯▶ 버티고개 ⋯▶ 한양도성 ⋯▶ 장충단공원

2. 이동거리: 약 8km

3. 예상시간: 약 3시간 30분(쉬는 시간 포함)

4. 난이도: 하

5. In: 지하철 5·6호선 청구역 / Out: 장충단공원(지하철 3호선 동국대입구역)

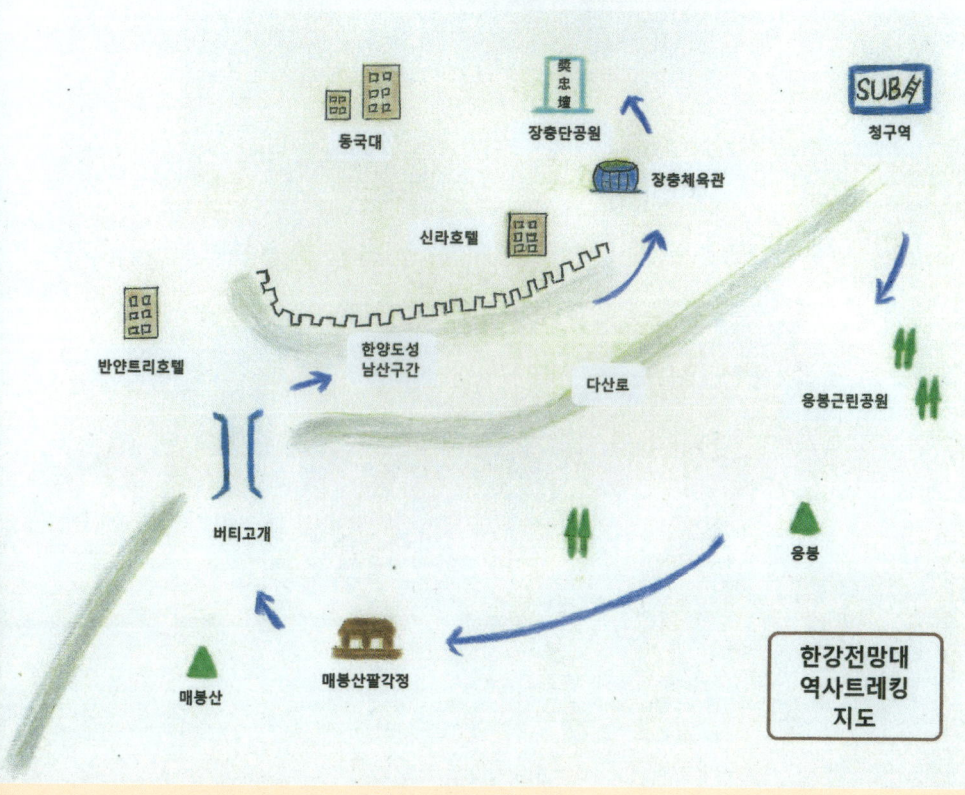

6

작지만 너무 좋은 산, 서대문 안산

안산 역사트레킹

서대문 안산은 '안장 안(鞍)' 자를 사용한다. 산이 말 안장처럼 생겼다고 해서 그런 명칭을 얻은 것이다. 실제로 안산은 완경사를 타고 가다가 정상 부근에서 불쑥 튀어나와 있다. 멀리서 보면 얼핏 말안장처럼 보인다. 그런 안산의 윤곽을 확인하려면 건너편에 있는 인왕산에서 바라보는 게 좋다.

누구나 다 아는 사실 하나! 인구 1천만 명이 모여 사는 서울이 거대한 메트로폴리탄이라는 것! 하지만 사람들이 잘 인지하지 못하는 사실 하나! 서울에 정말 산이 많다는 것!

초고층 빌딩들이 하나둘씩 들어서고 있지만 서울 스카이라인의 최고점은 인공물이 아니다. 최고점은 항상 북한산과 관악산이 차지했다. 지금까지도 그랬고, 앞으로도 그랬으면 한다. 이렇듯 산은 서울을 상징하는 중요한 요소 중 하나였다. 현무 역할을 하는 북한산과 주작 역할을 하는 관악산이 두드러졌지만, 키가 작은 산들도 자기 나름의 역할을 해왔다.

경기도 안산? 아니 서대문 안산!

이번에 소개할 곳은 서대문 안산(해발 296m)이다. 이번 편에서는 이동순서에 따라 기술하지 않았다. 그래서 코스상으로는 맨 뒤쪽에 놓이는 무악재하늘다리가 앞부분에 소개됐다.

문화센터에서 안산역사트레킹 강의 공지를 올리면, 종종 이런 말을 듣는다.

메타세쿼이아 숲. 안산의 자랑거리이다.

"안산 트레킹이요? 경기도 안산까지 가요?"
"아닙니다. 서대문 안산으로 갑니다. 서대문 안산(鞍山)하고 경기도 안산(安山)은 위치도 다르고, 한자도 다릅니다."

서대문 안산은 '안장 안(鞍)' 자를 사용한다. 산이 말 안장처럼 생겼다고 해서 그런 명칭을 얻은 것이다. 실제로 안산은 완경사를 타고 가다가 정상 부근에서 불쑥 튀어나와 있다. 멀리서 보면 얼핏 말안장처럼 보인다. 그런 안산의 윤곽을 확인하려면 건너편에 있는 인왕산에서 바라보는 게 좋다.

안산은 인왕산과 무악(毋岳)재를 사이에 두고 맞닿아 있다. 그래서인지 안산과 인왕산은 지질구조가 비슷한 점이 많다. 인왕산에는 스님처럼 생긴 선바위라는 바위가 있는데 이 선바위를 보면 구멍이 뻥뻥 뚫려 있다. 기이한 형태의 그런 구멍들은 풍화혈이라고 부른다. 벌집구조 형태로 작용하는 풍화혈은 화강암이 차별침식을 받았을 때 생성된다. 이 풍화혈은 타포니(taffoni)라고도 불리는데 '타포내라'라는 코르시카의 말이 그 어원이다.

"타포니는 프랑스 코르시카에서 나온 말입니다. 코르시카는 나폴레옹의 출생지고요. 하여간 이런 벌집 구조는 쉽게 볼 수 있는 게 아니에요. 서울에서 이런 지형을 볼 수 있는 게 참 고마운 일이죠."

애꿎은 나폴레옹까지 끌어오면서 타포니 지형을 설명하지만, 필자의 전달력이 달려서 그러는 건지 수강생들의 표정은 '뚱'해 있을 때가 많았다. 하지만 서울에서 지질에 관한 이야기를 할 수 있는 곳이 몇 군데나 있겠는가? 수강생들이 아무리 하품한다고 하더라도 이야기할 건 이야기해야지.

"인왕산에서 봤던 타포니 지형을 이곳 안산에서도 볼 수 있답니다. 안산에도 해골바위가 있거든요. 구멍이 뻥뻥 뚫리는 타포니 지형이 그런 해골바위를 만들었지요. 인왕산에도 해골바위가 있고, 안산에도 해골바위가 있고…."

사람들이 더 좋아하는 생태다리, 무악재하늘다리

그렇게 비슷한 점이 많은 안산과 인왕산은 1972년 통일로 확장으로 인해 녹지축이 끊기게 된다. 무악재 위를 달리고 있는 도로가 바로 통일로다. 통일로 이전에는 의주길이었다. 의주길을 따라 명나라와 청나라 사신들이 왔고, 조선의 문무백관들이 중국으로 향했다. 그 길은 매우 중요한 기간 도로였던 셈이다.

그렇게 약 40년 이상 끊겨 있던 두 산에 생태다리가 놓였다. 무악재하늘다리가 그것이다. 다리가 놓임으로써 두 지역을 오가는 것이 무척 편리해졌다. 생태다리 때문에 트레킹코스도 늘어났다. 동물들보다 사람들이

무악재하늘다리

더 즐겁게 된 것이다.

한편 무악재는 '무학재'로도 불린다. 이처럼 한 끝의 차이는 왜 나타났을까? '무악'이나 '무학'이나 똑같아 보이는데. 조선이 개국할 즈음에 천도 예정지로 거론된 곳은 한양, 계룡산, 안산 세 곳이었다. 당시 경기도 관찰사 하륜은 '안산 주산'론을 펼치며 안산을 적극적으로 지지했었다.

만약 하륜의 주장대로 안산을 주산으로 삼았다면 한강의 이용 가치는 훨씬 더 커졌을 것이다. 한강을 중심으로 한 경강상인들의 상행위는 더욱더 활발했을 것이다. 그렇게 됐다면 조선이 교조적인 성리학에 묶이지 않고 훨씬 더 개방적인 나라가 됐을지도 모른다. 하지만 조선은 엄격한 신분제 나라였고, 사농공상(士農工商)이라 하여 상업활동을 천시하던 사회였다.

어쨌든 안산 주산론은 안산의 남쪽이 지나치게 협소하다는 이유로 폐기되고, 북악산 남쪽이 도읍지로 결정된다. 지금의 경복궁 자리다. 한편 당시 이성계가 무학대사를 대동하여 이 일대를 다시 조사했다 하여 '무학재'라고도 칭하게 된다. 이런 스토리텔링이 있어서인지 무악재가 무학재로 불리기도 하는 것이다.

서대문형무소와 다크투어리즘

안산 역사트레킹의 출발점은 서대문형무소역사관이다. 서대문형무소는 처음 일제에 의해 경성감옥(1908)으로 출발했는데, 이후 서대문감옥(1912), 서대문형무소(1923)로 개명했다. 이름을 바꿨다고 해도 그 기능은 뻔했다. 독립지사들에 대한 탄압과 수감이다. 수많은 애국지사가 조국 독립을 외치며 피눈물을 흘렸던 아픈 역사의 현장이었다.

해방 이후에도 서울형무소(1945), 서울교도소(1961), 서울구치소(1967)로 이름만 바뀌었을 뿐 감옥의 기능은 계속됐다. 드라마틱한 대한민국의 현대사를 반영하듯 이곳은 독재정권에 저항했던 수많은 사람이 투옥됐던 역사의 현장이었다. 작고한 김근태 의원 같은 민주화운동에 헌신한 분들이 수감되었던 것이다.

형무소 담장이 걷어지고 주변지역이 공원화된 것은 1992년이었다. 서대문형무소역사관을 포함한 이 일대가 서대문독립공원으로 명명된 것이다. 시설이 잘 정비가 되어서 그런지 서대문독립공원은 많은 이들이 즐겨 찾는다. 많은 이들이 피눈물을 흘렸던 서대문형무소에는 체험학습 나온 초등학생들이 분주히 오가고 있다. 재개발 문제로 말이 많았던 서대문 옥바라지 골목 일대는 이제 고급아파트가 들어섰다. 현재의 서대문형무소역사관 일대는 확실히 어두운 색채가 옅어져 있다.

어두운 면을 찾아볼 수 없다고 역사의 교훈까지 잊어서는 안 될 것이다. 이럴 때는 다크투어리즘으로 접근해 보는 것도 좋을 듯하다. 다크투어리즘(dark tourism)은 전쟁이나 학살, 자연재해(쓰나미) 등을 당한 곳을 방문하는 것을 말한다. 아픈 기억을 가진 지역을 탐방함으로써 교훈을 얻고자 하는 것인데, 1990년대 이후 새롭게 등장한 테마 여행의 한 형태다.

서대문형무소

안산봉수대

아우슈비츠, 체르노빌, 히로시마 같은 곳을 탐방한다면 다크투어리즘 여행을 한 것이다. 우리나라에서는 서대문형무소가 다크투어리즘의 대표적인 장소로 손꼽힌다.

다크투어리즘을 확대해보면, 서울 곳곳도 탐방지에 속할 수가 있다. 조선총독부가 들어섰던 경복궁, 한국전쟁 중에 폭파가 됐던 한강철교 등등…. 서울만 그러겠는가? 다른 곳들도 다크투어리즘 천지다. 제주 4·3항쟁, 5·18 민주화운동, 노근리 학살 등등…. 동학농민군이 몰살을 당한 공주 우금티도 다크투어리즘의 최적지일 것이다.

서대문 안산 숲길

봉수대가 품고 있는 멋진 풍경

도보여행자들에게 안산은 상당히 인기 있는 곳이다. 안산자락길이 있기 때문이다. 무장애길이라 하여 유모차나 휠체어도 통행할 수 있다는 게 특징이다. 경사도를 완곡하게 해 이동권 약자들의 접근성을 향상했다. 하지만 경사를 완만하게 하려고 과하게 나무데크가 설치된 것이 좀 아쉽다. 어쨌든 안산은 난이도가 평이해서 초급자들도 어렵지 않게 걸을 수 있는 길이다.

이제 정상을 향해가야 한다. 안산자락길이 평지처럼 순한 길이었다면 정상을 향해가는 길은 좀 험할 수 있다. 이 부근은 암반이 노출되어 있는데, 앞서 말한 타포니 지형을 확인할 수 있다. 조심스럽게 정상을 향해가다 보면 해골바위를 만날 수 있다.

안산 정상에는 동봉과 서봉이 있다. 예전에 봉화가 설치됐던 곳이다. 동봉수대는 평안도 강계에서 시작된 봉수를 받았고, 서봉수대는 평안도 의주에서 시작된 봉수를 받았다. 둘 다 최종목적지는 남산 봉수대였다. 현재는 동봉수대만 복원이 됐다. 서봉수대 자리에는 통신 회사의 안테나가 설치되어 있다.

안산 봉수대에 올라서면 사대문 안쪽의 모습이 시원하게 펼쳐진다. 인왕산의 성곽길이 선명하게 보이고, 뒤쪽의 북한산의 봉우리들도 파노라마처럼 한눈에 들어온다. 인왕산이나 북악산에서 바라보는 광경과는 또 다른 맛이 있는 것이다. 특히 한강을 함께 볼 수 있다는 게 안산의 매력인데 동쪽으로 고개를 돌리면 서울시내, 서쪽으로 고개를 돌리면 한강의 모습을 바라볼 수 있어 더욱더 매력적이다.

그렇게 한강 쪽을 바라다보면서 왜 경기관찰사였던 하륜이 안산 주산론을 펼쳤는지 생각해보자. 필자는 가끔 수강생들에게 그 숙제를 내줬다. 하지만 그 숙제에 관심 있는 분들은 거의 없었다. 대신 이런 말씀을 많이 하셨다.

"여기 낙조가 장난이 아니겠는데요. 노을 질 때 한강에 유람선이라도 다니면 정말 판타스틱하겠네요!"

말 그대로다. 안산에서 바라보는 낙조는 정말 일품이다. 낙조가 진 후에도 멋있다. 야경이 기다리고 있기 때문이다. 그 낙조와 야경을 본 사람은 누구라도 로맨티스트가 될 것이다. 그만큼 매력적인 광경이 펼쳐진다.

정상에서 내려오면 하늘 높이 쭉쭉 뻗어 있는 메타세쿼이아 숲이 트레킹팀을 맞이한다. 서울에서 그렇게 울창한 메타세쿼이아 숲을 만나 볼 수 있다는 게 정말 고마울 따름이다.

이렇게 안산 역사트레킹은 지루할 틈이 없다. 높이 300m도 안 되는 작은 산이 이렇게 많은 것들을 안겨줄 수 있다니! 도보여행자로서 정말 감사할 따름이다.

안산 역사트레킹

1. 세부코스: 서대문독립공원 ···▶ 해골바위 ···▶ 봉수대 ···▶ 메타세쿼이아숲길
   ···▶ 서대문독립공원(순환형태)

2. 길이: 약 7km

3. 예상소요시간: 약 3시간 30분

4. 난이도: 하

5. IN: 지하철 3호선 독립문역 5번 출구 / OUT: 독립문역 5번 출구

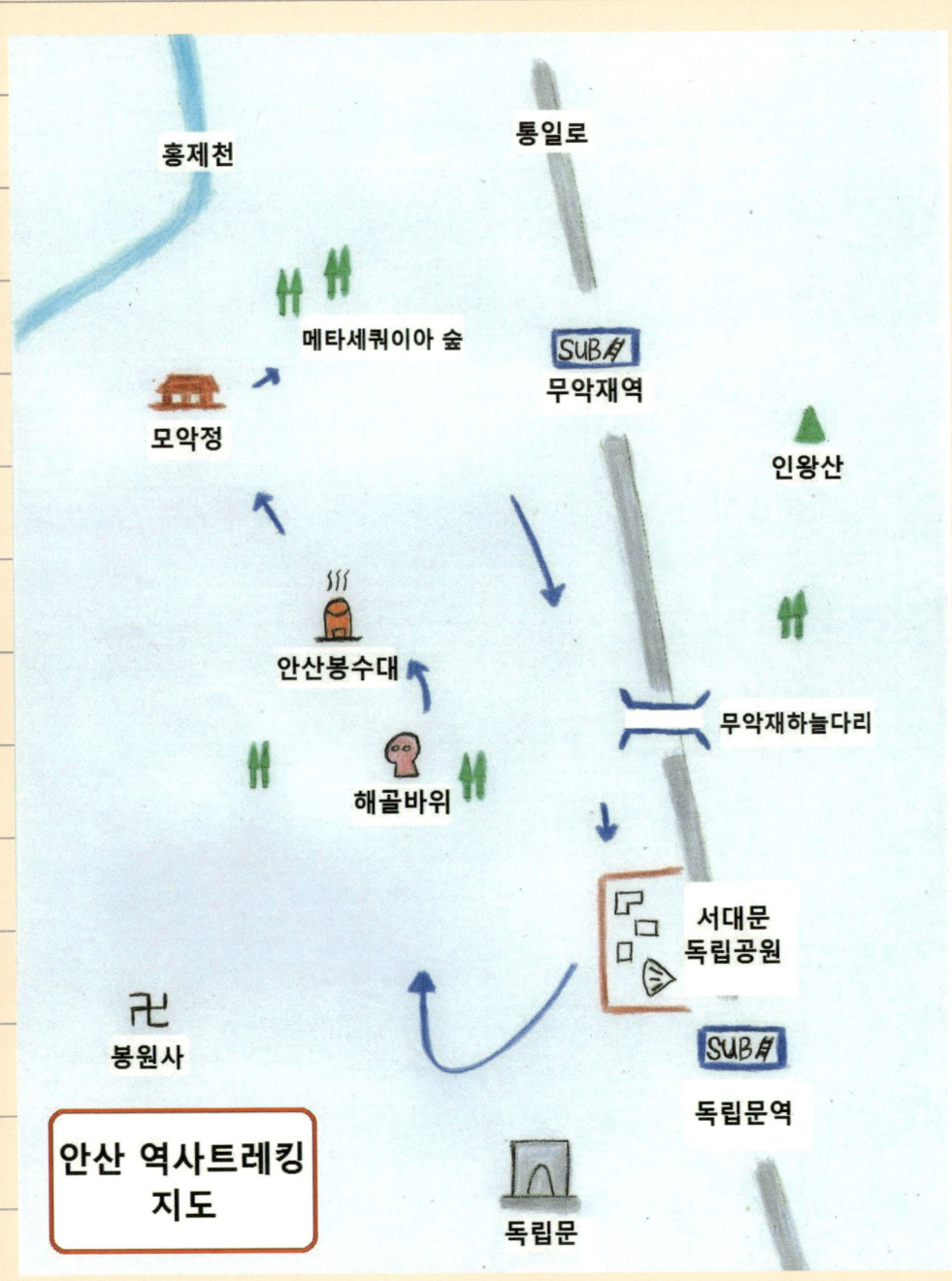

7

현장에 답이 있다

탕춘대성 역사트레킹

탕춘대성 역사트레킹은 상명대 옆쪽에 자리 잡은 홍지문(弘智門)에서부터 시작한다. 서울에는 큰 성곽이 두 개 있다. 한양도성과 북한산성이 바로 그것이다. 한양도성은 북악산을 기점으로 동쪽의 낙산, 서쪽 인왕산, 남쪽 남산을 둘러 축조한 것이다.

우리나라만큼 답사여행을 즐기기에 안성맞춤인 곳도 드물 것이다. 5천 년에 걸친 역사가 있고, 다양한 문화재가 국토 곳곳에 산재해 있으니 답사여행에 '딱'이다. 그만큼 인프라가 갖추어져 있다.

사실 광활한 영토보다는 적당히 규모 있는 영토가 답사여행 하기에는 더 낫다. 영토가 넓으면 그만큼 교통이나 숙박, 편의시설이 열악할 수밖에 없다. 수백 킬로미터를 가야 겨우 마을을 만날 수 있는 곳에서는 답사여행이 원활히 진행되지 않을 것이다.

또한 우리나라의 높은 교육열도 답사여행이 활성화되는 데 한몫했다. 역사와 문화에 목말라한 많은 소비자가 있다는 것 자체만으로도 답사여행을 흥하게 하는 긍정적인 요인이 되었다.

옥천암. 왼쪽 첫 번째 건물이 백불이 모셔진 보도각이다. 바로 앞에 홍제천이 흐른다.

직접 가서 봐야지 그려볼 수 있다!

답사여행의 장점은 무엇일까? 텍스트상의 한계를 뛰어넘는 것을 하나의 장점으로 언급할 수 있다. 텍스트 안에서는 읽어낼 수 없는 지식을 답사여행으로 체득할 수 있기 때문이다. 예를 들어, 성곽과 같은 축조물들은 해당 유적과 함께 주위 사방의 지형을 함께 둘러보아야 진면목을 명쾌하게 인지할 수 있다. 가파른 산줄기를 타고 내려온 성곽이 어떤 방면의 방어를 위해 축조되었는지, 직접 눈으로 확인할 수 있다는 것이다. 그럼 탐방자는 '타임머신'을 타고 옛날로 돌아가 적들의 예상 침입로를 짐작해보고, 해당 성곽이 그 침입을 막아낼 수 있을 정도로 튼튼하게 축조됐는지 나름대로 '워게임 시뮬레이션'을 돌려볼 수도 있다.

이런 과정들은 역사책이나 위성지도 같은 텍스트로는 구현할 수 없는 것들이다. 현장에 가서 직접 눈으로 확인해야 가능한 일들이기 때문이다. 그리고 보면 답사여행은 '현장에 답이 있다'라는 격언을 가장 잘 실천하는 행위인 듯싶다.

이번에 소개할 탕춘대성 역사트레킹은 그런 격언에 잘 어울리는 답사 트레킹이라고 할 만하다. 그 길을 따라가면 탕춘대성은 물론 고려시대 마애불을 볼 수 있다. 또한 병풍처럼 펼쳐진 북한산의 남사면을 감상하며 걸을 수 있다. 탕수육을 잘하는 중국집이 아닌, 방어용 산성이었던 탕춘대성! 그 길을 따라 걸어가 본다.

한양도성과 북한산성, 그리고 탕춘대성

탕춘대성 역사트레킹은 상명대 옆쪽에 자리 잡은 홍지문(弘智門)에서부터 시작한다. 서울에는 큰 성곽이 두 개 있다. 한양도성과 북한산성이

탕춘대성 성벽

바로 그것이다. 한양도성은 북악산을 기점으로 동쪽의 낙산, 서쪽 인왕산, 남쪽 남산을 둘러 축조한 것이다.

한양도성이 도읍 방어의 최후의 보루였다면, 북한산성은 도성 방어의 전초기지라고 할 수 있다. 북한산 일대는 삼국시대부터 손꼽히는 요충지였다. 이 일대를 차지하기 위해 삼국은 치열한 공방전을 벌였다. 고려시대에도 여러 차례 북한산에 있는 산성을 수리·축조했다. 그만큼 북한산 일대는 매우 중요한 전략적 방어 거점이었다.

현재의 북한산성은 조선 숙종 시기에 축조된 것이다. 임진왜란과 병자호란을 혹독하게 치른 조선은 국방력 강화와 도성 방어에 전력을 기울이게 된다. 그리하여 1704년(숙종 30)부터 1710년(숙종 36)까지 도성 성곽을 재정비했다. 또한 다음 해인 1711년에는 북한산성을 축조하게 됐다. 약 8km 달하는 북한산성은 기공에서 완공까지 6개월 정도밖에 걸리지 않았다. 그 규모에 비해 무척 빨리 축조된 것인데 청나라에 빌미를 주지 않으려고 공사를 서둘러 완료시켰다고 한다. 당시 조선은 병자호란 강화조약에 의해 성의 축조와 수축에 큰 제약을 받고 있었다.

앞서도 언급했듯이 한양도성은 내사산을 둘러 만든 성이다. 북한산성은 북한산에 있는 성이고. 그래서 두 성곽 사이에는 간극이 있다. 두 성곽 사이가 좀 '붕 떠 있다'라고 할 수 있다. 그 간극을 메꾸기 위해 보조성이 축성됐는데 그것이 바로 탕춘대성(湯春臺城)이다. 성이 세워진 세검정 부근에 탕춘대(湯春臺)가 있다고 하여 그렇게 명명된 것이다. 탕수육을 잘하는 중국집이 아니고.

도성과 북한산성을 약 4km에 걸쳐 연결한 탕춘대성도 1719년(숙종 45)에 만들어졌다. 인왕산에서 가파르게 내려온 성벽은 홍제천에서 잠시 숨을 고르다 다시 북한산 쪽으로 숨 가쁘게 비탈을 탄다. 그러다 북한산 서남쪽 비봉 인근에서 북한산성과 합류된다. 북한산 비봉은 진흥왕 순수비(555년 건립)가 있던 곳이다.

상처(?)가 많은 홍지문

홍지문

홍지문(弘智門)은 탕춘대성의 성문이었다. 성벽이 숨을 골랐던 자리에 홍지문이 들어선 것이다. 그래서 홍지문 옆에는 홍제천이 흐를 수 있도록 수문 5개가 함께 세워져 있다. 오간대수문(五間大水門)이라고 불리는 이 수문은 홍예형(무지개)으로 이루어져 있다.

홍지문은 상처(?)가 많은 문이다. 사람들이 자꾸 4대문 중 북쪽에 있는 문으로 착각하고 있기 때문이다. 예전 트레킹팀에도 그렇게 오해를 한 분이 계셨다.

"이 근처에 북대문이 있다고 하던데…. 이게 그 북대문이에요?"
"북대문은 숙정문이라고 따로 있습니다. 홍지문은 북대문이 아니에요."

한 번 더 이야기하는데, 홍지문은 탕춘대성의 성문이다. '북대문'이 아니다. 북쪽의 대문은 한양도성 북악산 구간에 있는 숙정문(肅靖門)이다. 4대문에 붙여진 인의예지(仁義禮智) 중 북쪽에 해당되는 '지(智)'가 홍지문(弘智門)에도 들어 있어 그런 오해가 있는 것 같다.

홍지문은 그런 명칭의 혼용 같은 내적 상처뿐 아니라 외적 상처도 있다. 성곽 일부가 잘려 나간 것이다. 홍지문 바로 옆으로 세검정로가 놓여 있는데 성곽 일부를 잘라서 도로로 만들었다. 그런 이유 때문인지 홍지문은 자동차들의 매연으로 가득하고 소음이 끊임없이 진동하는 곳이다. 문화재가 자동차들에 의해 압도당하는 느낌이 든다.

그보다 더 큰 상처도 있었다. 1921년의 대홍수로 아주 싹 쓸려 내려간 것이다. 옆에 있는 오간대수문도 그때 싹 쓸려 내려갔다. 지금의 홍지문은 1977년에 복원했다. 대홍수 이후 방치되어 오다 약 반세기 만에 복원한 것이다.

이렇게 상처 많은 홍지문이지만 일대를 탐방하다 보면 한양도성과 북한산성이 어떻게 하나의 선으로 이어지는지를 관찰할 수 있다. 가파른 경사에 축조된 성곽이 어떻게 방어기지 역할을 했는지를 유추해 볼 수 있다는 말이다. 평소에는 수풀이 우거져 있어 잘 보이지 않지만, 가을이 되면 성벽과 오색단풍이 어우러져 또 다른 볼거리를 제공한다.

컬러풀한 부처님? 컬러풀한 보도각 백불!

홍지문 아래로는 오간수문이 있다. 산책로가 정비되어 그 오간수문을 직접 통과해서 걸을 수 있다. 수문은 홍예문, 즉 아치형으로 되어 있다. 홍예문의 맨 위쪽 부분을 홍예종석이라고 부르는데 홍지문 오간수문에는 귀면(鬼面)이 장식되어 있다.

"저 아치의 꼭대기에 있는 돌에 괴상하게 장식된 것이 있죠. 저걸 귀면이라고 하는데 저는 그냥 치우천왕이라고 부릅니다."

"저걸 왜 장식했어요?"

"물을 타고 들어오는 악귀가 저 괴상한 귀면을 보고 놀라서 도망가라고 그렇게 한 거죠?"

"풋, 정말 악귀가 도망갈까요?"

"글쎄요. 도망은 안 가도 한참 여기 서 있을 거 같아요. 무서운 거 같기도 하고, 웃긴 거 같기도 해서요. 절에 있는 사천왕을 생각해보세요. 무서운데 우스꽝스럽잖아요."

트레킹팀은 건강과 답사를 중시하는 '복덩이들'이기에 치우천왕의 보호(?)를 받으며 오간수문을 통과했다. 이제부터는 홍제천을 따라 걷는다. 그렇게 몇 분 정도 이동하니 보도각 백불(白佛)을 만날 수 있었다. 정확한 명칭이 '옥천암 마애보살좌상'인 보도각 백불은 지난 2014년 3월 11일에 보물로 승격했다. 고려 전기에 만들어진 것으로 추정되는 백불이 2014년에 와서야 보물로 승격됐다는 건 좀 늦은 감이 있다. 그전에는 서울시 지정문화재였다. 옥천암은 백불 바로 옆에 위치한 사찰이고, 보도각은 백불을 보호하기 위해 올린 기와 건물을 말한다.

보도각 백불

고려 전기시대에는 이스턴섬 석상을 뺨칠 정도로 큼직큼직한 석불들이 많이 등장한다. 발걸음이 많이 오가는 곳에 떡하니 자리 잡고 있던 석불들은 지나가는 이들의 수호신이자 이정표 역할을 해주었다. 그래서 이 시기의 석불들은 돌장승이라는 이름까지 얻게 됐다. 고려 전기시대에 유명한 석불들은 논산 관촉사 은진미륵, 안동 이천동 석불, 파주 쌍미륵 등이 있다.

길이가 약 5m에 달하는 보도각 백불도 홍제천을 따라 분주히 발걸음을 옮겼던 이들의 이정표이자 수호신 역할을 했다. 또한 많은 이들의 기도처이기도 했다. 우리가 통상적으로 알고 있는 부처님과 달리 '화이트컬러'를 한 부처님인데 당연히 많은 이들이 왔겠지!

"그런데 왜 백불이에요? 흰색이 아닌데요. 회색인데요."
"그렇죠. 화이트가 아니죠. 호분이라는 안료를 바른 건데요. 조개껍데기에다 흰색 성분이 섞인 안료로 바위에 칠을 했습니다. 목걸이나 팔찌, 보관 들은 적색이고요."

보도각 백불은 정확히 부처님상도 아니다. 머리에 쓴 보관이 눈에 띄는 관음보살상이다. 부처상이 남성적인 면으로 그려졌다면 보살상은 여성적인 면으로 그려진다. 보관, 목걸이, 팔찌들에 색깔이 입혀져서 그런지 백불은 다른 보살상들보다도 더 여성적으로 보인다.

흰색이든 회색이든 무슨 상관인가? 또 부처상이든 보살상이든 그게 무슨 상관이란 말인가? 중요한 건 거기에 거대한 돌장승 같은 마애불이 있다는 것이고, 그곳을 지날 때마다 나그네들은 잠시 시름을 달래며 기원을 드렸다는 점이다.

그렇게 컬러풀한 백불 아래 많은 이들이 합장하고 기도를 올렸다. 그중에는 태조 이성계도 있었다. 이성계는 조선을 건국할 때쯤에 이곳에 와서 기도를 올렸다고 한다. 트레킹팀도 각자 하나씩 기원을 올렸다. 무슨 기원을 드렸을까? 궁금해서 물어봤다.

"뭘 비셨어요? 로또 대박?"

방치된 탕춘대성 암문

탕춘대성 암문을 향해 이동했다. 암문은 말 그대로 적 몰래 은밀하게 성 밖으로 나가는 출구이다. 긴밀하게 연락을 취하고, 특공대를 파견하고, 식량을 조달하는 통로이다. 그래서 암문의 존재는 일급

탕춘대성암문

비밀이었다. 지도상에도 그려 넣지 않았다. 탕춘대성 암문은 한양도성 암문과 달리 좀 방치된 느낌이다. 한편으로는 아직 원형을 간직하고 있다고 평가할 수도 있을 것이다.

탕춘대성 암문을 지난 후부터는 드문드문 북한산의 남쪽 면이 나타난다. 북한산 남쪽 면의 가장 높은 봉우리는 보현봉이다. 북한산의 원래 이름은 삼각산인데 세 개의 봉우리가 삼각뿔 형태를 나타낸다고 해서 삼각산이라고 이름 붙여졌다. 그 세 개의 봉우리는 만경대, 백운대, 인수봉인데 북한산의 동북쪽에 있다. 이에 비해 보현봉을 위시한 비봉 등은 남쪽에 있다.

그렇게 병풍처럼 펼쳐진 북한산의 남쪽 면을 바라보면서 걸었다. 연신

감탄사를 내뱉으면서….

"북한산 남쪽 봉우리들이 진짜 손에 잡힐 거 같아요. 정말 멋지네요!"

현장에 답이 있다!

홍지문과 오간수문, 보도각백불, 탕춘대성 암문…. 그리고 본문에서 언급하지 않은 마당바위 전망대까지. 탕춘대성 역사트레킹은 답사패키지라고 불러도 손색이 없을 정도로 많은 곳을 탐방한다.

탕춘대성 역사트레킹은 교통카드 비용만으로 고려와 조선시대의 유물을 만날 수 있는 데다 숲길 탐방도 할 수 있어 참 매력적이다. 전망은 또 어떤가. 트레킹이 마무리될 즈음에 방문하는 마당바위의 전망은 산과 도심지가 서로 어우러진 모습이라 독특한 풍광을 선사한다. 마당바위에 앉아 포즈를 취하면 그것 자체가 인생샷이다. 그런 면에서 서울 사람들은 참 복받았다.

탕춘대성 역사트레킹 코스를 만들기 위해 필자는 그 인근을 수십 번씩 오갔다. 물론 사전답사는 숙명 같은 것이다. 10km 코스를 만들기 위해 100km 이상을 오가야 하는 것이 필자의 임무인 것이다. 갔던 길 또 가고, 또 갔다가 다시 고치고. 이런 식으로 수없이 발걸음을 옮기다 보니 결국 호평받는 코스가 나오더라.

발바닥에 땀 나도록 걸어 다녀야 제대로 된 결과물을 얻는다.

"현장에 답이 있다! 그러니 더 열심히 파이팅!"

개나리가 핀 탕춘대성 산책로

탕춘대성 역사트레킹

1. 코스: 홍지문(오간수문) ···▶ 보도각백불 ···▶ 탕춘대성 암문 ···▶ 실락어린이공원

2. 이동거리: 약 8km

3. 예상시간: 약 3시간 30분(쉬는 시간 포함)

4. 난이도: 하

5. In: 홍지문 / Out: 실락어린이공원

☞ 3호선 경복궁역에서 상명대행 버스 탑승, 상명대 하차 / 실락어린이공원에서는 3호선 홍제역이 가까움.

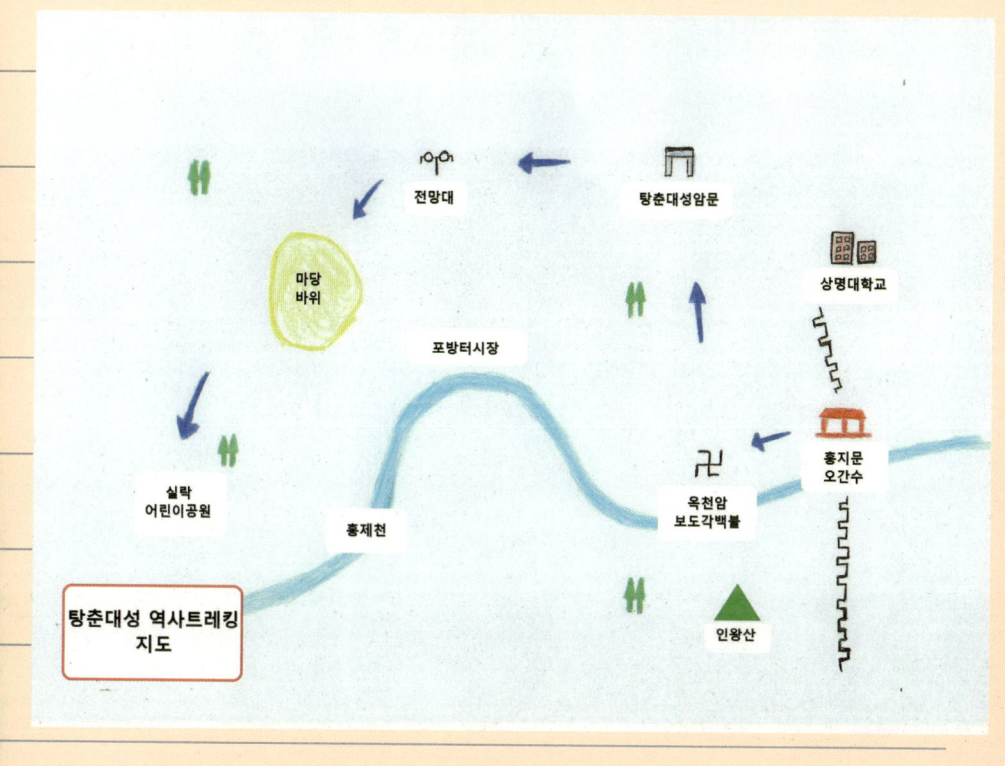

8

총성이 사라진 자리에 고운 단풍이 졌네!

성북동 역사트레킹

자, 이제 길상사 위에 있는 정법사를 지나 본격적인 트레킹에 나서 보자. 정법사 경내에서 내려다보는 성북동 일대의 모습이 멋지니 꼭 잊지 말고 봤으면 좋겠다. 정법사를 뒤로 한 후 북악스카이웨이를 지나 북악하늘길로 접어든다. 북악하늘길은 성북구에서 조성한 도보여행길로 총 네 개의 코스로 이루어져 있다.

　당연한 이야기지만 역사트레킹도 계절에 민감하게 반응한다. 해당 계절에 맞게 코스를 정하는 것은 기본 중의 기본이다. 나무 그늘 하나 없는 곳을 여름 코스로 정한다? 당연히 안 될 말이다.

　계절에 민감하다 보니 특정 시기에만 가는 코스가 있을 정도다. 봄꽃들이 군락을 이루는 곳은 봄에 가고, 단풍이 곱게 지는 곳은 가을에 간다. 숲길이 울창한 곳은 한여름에 가도 좋다. 역사트레킹도 엄연히 아웃도어 활동인 만큼 계절의 변화에 부응해야 하는 것이다. 봄꽃들의 화사함을 느끼며 문화재를 탐방하면 즐거움이 배가할 것이다. 알록달록한 단풍들을 배경 삼아 문화재를 탐방한다면 더 로맨틱할 것이다.

　이번에 소개할 성북동 역사트레킹은 가을에 가장 적합한 트레킹 코스다. 가을에 가야 더 로맨틱하게 즐길 수 있는 코스라고 할 수 있다. 성북동 역사트레킹을 광고할 때 꼭 이런 멘트를 사용했다.

　"서울 단풍의 메카에 오신 것을 환영합니다!"

　서울 단풍의 진면목을 성북동 역사트레킹을 통해 맛볼 수 있기에, 저런 과감한 멘트를 사용했다.

하늘전망대. 북한산 보현봉이 보인다.

법정스님과 길상사

 '춘녀사추사비(春女思秋士悲)'라는 말이 있다. 봄에 여인들은 사모하는 마음이 생기고, 가을에 선비는 비애를 느낀다는 뜻이다. 여자는 봄을 타고 남자는 가을을 탄다는 말로 다르게 표현할 수 있을 것이다. '춘녀사추사비'처럼 가을은 남자의 계절이지만 단풍을 감상하기 위해 길을 나선 트레킹팀은 늘 그랬던 것처럼 여성들이 압도적으로 많았다. 그녀들은 봄꽃을 반기는 봄처녀들처럼 곱게 물든 오색단풍 앞에서 크게 환호했다. 사실 형형색색의 단풍 앞에 남녀가 어디 있고, 노소가 어디겠는가? 그냥 즐겁게 즐기면 되지!
 서론이 길어졌다. 성북동 역사트레킹의 첫 탐방지는 법정 스님의 자취가 남아 있는 길상사다. 길상사는 고급요정인 대원각 자리에 세워진 사찰로 북악산 중턱에 있다. 나중에 리모델링했지만 사찰 건물의 대부분은 요정 건물을 그대로 사용하고 있다.
 대원각이 조계종에 등록됐을 때는 1995년 6월이었는데 당시는 '대법사'라는 이름으로 불렸다. 그러다 2년 후인 1997년에 시주자인 김영한(법명 길상화)의 법명과 비슷한 '길상사'로 명칭이 바뀌어 창건된다. 대원각을 운영하였던 길상화 김영한은 당시 시가로 1천억 원이 넘던 대지와 건물을 시주했고, 그런 길상사에 법정 스님은 회주(會主: 법회를 주관하는 법사)로 임하게 된다.

아무리 시주 형식이라지만 1천억 원이면…. 로또를 몇 번 맞아야 하나? 더군다나 법정 스님은 자유로운 영혼이 아니셨던가? 그래서인지 법정 스님은 10년 동안 김영한의 제안을 거절했다고 한다. 10년 동안 시주를 제안한 김영한도 10년 동안 그 제안을 거절한 법정 스님도 정말 대단하다.

여러분들은 어떻게 하실 것인가? 누군가 1천억을 준다고 하면 어떻게 화답하실 것인가? 필자는 속물이다. 한번은 트레킹팀과 이런 이야기를 했다.

"곽 작가님은 누가 1천억 원을 시주한다고 하면 어떻게 하실 거예요?"
"그럼 저는 바로 '제소유'로 만들 겁니다. 무소유가 아닌 제소유!"

길상사는 성북동을 찾는 이들이 잊지 않고 탐방하는 명소가 되었다. 꼭 불교도가 아니더라도 한 번쯤 방문하면 좋을 장소가 된 것이다. 그렇게 좋은 길상사를 떠나기 전에 다시 한번 키워드로 정리해본다.

1. 법정스님
2. 김영한
3. 대원각
4. 시인 백석
5. 종교 화합

성북동의 가을

북악하늘길. 북악하늘길 2코스는 일명 '김신조 루트'로 불린다. 역설적으로 그 길은 서울에서 가장 아름다운 단풍길을 자랑한다.

1,000억 원보다 시 한 줄이 더 낫다?

시인 백석과 종교 화합은 좀 낯설어하는 사람도 있을 것이다. 본명이 백기행이었던 백석 시인은 '나와 나타샤와 흰 당나귀' 등의 시를 썼는데, 한국 시의 지평을 넓혔다는 평가를 받고 있다. 백석을 좋아했던 시인 안도현은 문학청년 시절에 그의 시를 여러 번 필사했다고 한다. 2017년에는 《백석 평전》을 저술하기도 했다.

그건 그렇다 치고 진짜 시인 백석과 길상사가 무슨 상관이 있나? 관련이 아주 많다. 백석의 시 '나와 나타샤와 흰 당나귀'에서 나타샤가 길상화 김영한을 지칭하기 때문이다.

백석은 김영한에게 첫눈에 반했고, 그녀에게 '자야'라는 애칭을 붙여준다. 하지만 뜨겁게 타올랐던 그 둘의 사랑은 부모의 반대에 부딪히고 만다. 아들이 기생과 어울리는 게 마땅치 않았던 부모는 백석을 강제로 결혼시키려 했다. 이에 백석은 자야(김영한)에게 만주로 도망가자고 제안했다. 하지만 자야는 자신이 시인의 앞길을 막을 것 같다는 생각에 제안을 거절했고, 결국 백석 홀로 만주로 넘어간다. 이때가 일제강점기였던 1939년이었다. 이후 자야는 다시는 백석을 보지 못한다. 백석은 해방 후 북쪽을 택했는데 1958년에 숙청을 당해 국영농장에서 양치기가 되고 말았기 때문이다. 그러다 1996년에 파란만장한 삶을 마감하게 된다.

백석 시인과 자야가 사랑을 한 기간은 불과 3년 정도밖에 되지 않았다. 하지만 자야는 평생을 백석을 사모하고 죽을 때까지도 그를 잊지 못했다. 노년에 김영한은 이런 말을 한 적이 있었다.

"1,000억 원이라는 돈이 그 사람(백석) 시 한 줄 만도 못하다."

너무 가벼운 '사랑의 시대'라 그런가? 자야가 간직한 그 사랑이 역설적으로 너무나 커 보인다.

종교 화합을 살펴보자. 길상사에는 날씬한 관음보살상이 있다. 이 보살상은 천주교 신자인 최종태 교수라는 분이 직접 조각했다. 통상적으로 관음보살상은 '자비'라는 단어에 어울리게 후더분한 면이 강조되지만, 길상사 관음보살상은 호리호리한 모습이다. 그런 특이한 모습 때문인지 몰라도 더 눈길이 간다. 길상사에는 기독교 신자인 영안모자 백성학 회장이 기증한 7층 석탑도 있다.

이렇듯 길상사에는 불교, 천주교, 기독교가 서로 어우러져 있다. 서울에 이런 고요하면서도 종교적으로 화합을 이루는 장소가 있다는 게 정말 고마울 따름이다.

길상사 보살상

아픈 현대사, 김신조 루트를 걷다

자, 이제 길상사 위에 있는 정법사를 지나 본격적인 트레킹에 나서 보자. 정법사 경내에서 내려다보는 성북동 일대의 모습이 멋지니 꼭 잊지 말고 봤으면 좋겠다. 정법사를 뒤로 한 후 북악스카이웨이를 지나 북악하늘길로 접어든다. 북악하늘길은 성북구에서 조성한 도보여행길로 총 네 개의 코스로 이루어져 있다. 이때 트레킹팀은 제2산책로를 이용하여 이동한다. 하늘다리를 넘게 되는데 하늘다리를 넘으면 깊은 산중에 온 느낌을 받을 것이다.

"이곳은 북악하늘길 제2코스입니다. 일명 김신조 루트라고 불리는 곳이죠."
"아, 여기가 그 유명한 그 김신조 루트…."
"예 맞습니다. 청와대 습격 사건이라고 불렸던 1·21사태를 일으킨 일당들이 여기서 우리 군경들과 총격전을 벌였죠."

북악산은 군사적인 목적으로 출입이 제한되다가 지난 2007년부터 순차적으로 개방되었다. 그 원인을 제공한 것이 바로 김신조 일당이었다. 필자는 호경암 앞에서 저렇게 설명했는데 호경암은 1·21사태 때 격전이 벌어진 곳이다. 당시에 치열한 총격전이 벌어져 아직도 바위 곳곳에는 그날의 아픈 흉터가 선명하게 남아 있다.

호경암

"당시 김신조를 비롯한

총성이 사라진 자리에 고운 단풍이 졌네! 119

무장공비들은 시간당 10km씩 이동했답니다. 그것도 산길을요. 건강한 성인이 평지를 4km로 정도로 이동하니까 그들이 얼마나 무지막지하게 이동했는지 알 수 있겠죠."

구멍이 뻥뻥 뚫린 호경암을 앞에 두고 설명을 이어갔다.

격동의 시기, 1968년!

김신조 사태는 1968년 1월 21일에 발생했다. 그리고 그 이틀 후인, 1월 23일에는 미국의 정보선인 푸에블로호가 북한에 의해 나포됐다. 또 그해 10월경에는 울진·삼척 지역에 무장공비 120명이 침투했다. 1968년, 한반도는 격동의 소용돌이 속에 있었다.

이야기를 좀 더 확장해보자. 1968년에는 전 세계적으로 많은 일들이 발생한다. 베트남에서는 월맹군의 구정공세로 미군의 예봉이 꺾였고, 미국에서는 반전 운동이 크게 일어났다. 프랑스 파리에서 시작된 68혁명은 구체제 극복을 내세우며 전 세계에 큰 변화를 몰고 왔다. 또한 자유분방함을 강조하는 히피문화도 크게 기세를 떨쳤다.

당시 공산권인 체코슬로바키아에서도 프라하의 봄이라는 혁명이 일어났다. '밀란 쿤데라'라는 소설가 아시는가? 그 작가가 쓴 《참을 수 없는 존재의 가벼움》도 프라하의 봄이 중요한 모티브였다. 하지만 그 봄날은 오래가지 못했다. 구소련이 탱크를 밀고 들어오며 강제 진압했기 때문이다. 어렵게 맞이한 '봄날'이 너무나 쉽게 사라지고 만 것이다.

이렇듯 성북동 역사트레킹은 몇 안 되는 현대사, 그중에서도 세계사가 해설로 들어가는 곳이라 필자도 나름대로 공부를 많이 하고 간다. 준비를 많이 해서 그랬는지 말도 많이 한다. 하지만 말이 많으면 실수도 나오는 법! '밀란 쿤데라'를 '밀란 쿠데타'라고 했다가 질책당하기도 했다. 그래도 끝까지 마이크를 놓지 않고 해설했다.

"찰칵찰칵."

하지만 이미 트레킹팀의 마음은 오색단풍에 가 있었다. 하긴 필자도 그랬을 거다. 재미없는 설명을 들으니 알록달록한 단풍들을 배경 삼아 사진을 찍는 게 훨씬 더 남는 일이지!

그렇게 빛깔 고운 단풍을 서울에서 볼 수 있었다는 사실이 그저 놀라울 따름이었다. 무장공비의 루트였던 곳에서 그토록 아름다운 풍광을 바라보고 있다니! 정말 아이러니한 일이었다. 총성이 사라진 자리에 곱디고운 단풍이 졌던 것이다.

성북동 역사트레킹

1. 코스: 길상사 ⋯▶ 정법사 ⋯▶ 하늘교 ⋯▶ 김신조 루트 ⋯▶ 성북동

2. 이동거리: 약 8km

3. 예상시간: 약 3시간 30분 (쉬는 시간 포함)

4. 난이도: 중

4. In: 지하철 4호선 한성대입구역 6번 출구 / Out: 성북동

  ☞ 한성입구역 6번 출구 부근에서 길상사행 마을버스 탑승. 약 10분 정도 소요.

9

상국이 격렬하게 격돌했던 그곳

아차산 역사트레킹

아차산은 돌산이라 그런지 곳곳에 너럭바위들이 펼쳐져 있고, 또 곳곳에 전망대가 펼쳐져 있어 한강 변 풍광을 바라보기에 더없이 좋다. 인근에 자리 잡은 구리시와 강 건너 하남시는 물론 시야가 좋으면 팔당댐 부근까지 한눈에 들어온다. 그래서 필자는 전망대에 오르면 항상 저 멘트를 했었다.

역사트레킹을 하다 보면 다양한 에피소드가 발생한다. 적을 때는 5~6명에서 많을 때는 30명 가까이 되는 수강생들과 함께 트레킹하다 보니 여러 가지 해프닝이 생기는 것이다. 암릉 구간이 있는 코스에 하이힐을 신고 와서 필자의 간담(?)을 서늘하게 만든 수강생, 시작과 동시에 막걸릿잔부터 돌리는 수강생…. 이런 분들과 부대끼다 보면 팔자에도 없는 욕을 먹기도 한다.

하지만 거기까지다. 그렇게 욕을 먹으면서도 다음 트레킹 강의 준비를 했다. 나름대로 설레는 마음을 가지고 말이다. 욕을 먹으면서도 다음 일정을 준비할 때는 설레다니!

너무나 중요했던 아차산, 너무나 시원한 아차산

아차산은 해발 295m로 서울의 동쪽에 있다. 해발 높이가 300m도 되지 않으니 그리 높은 산이라고 말할 수는 없을 것이다. 어쩌면 동네 뒷산으로도 불릴 수도 있을 것이다. 그렇게 키가 작은 아차산이지만 예로부터 그 지정학적인 중요성은 엄청나게 컸다. 한강을 바로 옆에 끼고 있기 때문이다. 고대부터 한강유역을 지배하는 자가 한반도의 주인이지 않았던가?

아차산 능선에서 한강 쪽을 바라본 모습

"눈이 아주 시원하지 않습니까? 아차산에 올라와야 하는 이유가 아주 명쾌해지죠. 안 올라왔으면 이런 광경을 바라볼 수 있겠어요?"

아차산은 돌산이라 그런지 곳곳에 너럭바위들이 펼쳐져 있고, 또 곳곳에 전망대가 펼쳐져 있어 한강 변 풍광을 바라보기에 더없이 좋다. 인근에 자리 잡은 구리시와 강 건너 하남시는 물론 시야가 좋으면 팔당댐 부근까지 한눈에 들어온다. 그래서 필자는 전망대에 오르면 항상 저 멘트를 했었다. 고생스럽게 아차산을 오르느라 힘이 많이 들어갔을 수강생들의 마음을 달래기 위해서.

"강 건너편 몽촌토성 쪽 좀 보세요. 아니, 거기는 제2롯데월드 타워고요. 한성백제의 옛 수도로 추정되는 몽촌토성 쪽이요."
'찰칵찰칵.'
"그러니까 약 470여 년 정도를 이어왔던 한성백제가 475년 9월 장수왕의 공격으로 막을 내립니다. 그때 백제 왕이 개로왕이었는데…."
'찰칵찰칵.'

삼국이 격렬하게 격돌했던 그곳

풍광이 좋은 코스를 탐방할 때마다 겪는 일이다. 그런데 아차산 코스는 그 강도가 더하다. 아차산은 바로 옆에 있는 용마산과 함께 서울둘레길 2코스에 속하는데 서울둘레길 중에서 가장 아름다운 코스로 꼽힌다. 사실 저렇게 이야기했지만 필자도 수강생이었다면 재미없는 강의에 집중하느니 사진기 셔터를 누르고 있었을 것이다.

온달장군과 평강공주 조형물

아차산성 성벽

아차산과 바보온달

아차산은 여러 가지 이름으로 불렸다. 아끼산, 아키산, 에께산, 엑끼산…. 남쪽 한강 변을 향해 솟아오른 모양을 보고 남행산이라고도 불렸다. 지금은 이 일대 산들이 아차산, 용마산, 망우산, 봉화산 등으로 제각각의 이름으로 불리지만 예전에는 그냥 뭉뚱그려 아차산으로 불렸다. 앞서 언급한 서울둘레길 2코스는 아차산, 용마산, 망우산으로 이어진다. 봉화산만 빠져 있는 것이다. 봉화산은 서울둘레길에서 아예 빠져 있다.

산 이름과 관련하여 또 다른 이야기가 있다. 아차산의 한자표기는 '阿嵯山', '峨嵯山', '阿且山' 등으로 다양하게 쓰인다. 그런데 《삼국사기》에는 '아차(阿且)'와 '아단(阿旦)' 두 가지가 나타난다. 아차산으로 불리기도, 아단산으로 불리기도 했다는 뜻이다. 지정학적으로 무척 중요했기에 불리는 이름도 다양했던 것 같다.

아차산이든 아단산이든 우리 같은 도보여행자들에게 네이밍이 뭐가 중요하겠나? 하지만 온달장군과 평강공주에게는 무척 중요했을 것이다. 왜? 온달장군이 아단성에서 전사했기 때문이다. 온달장군이 출전했던 때는 고구려 영양왕 때였다. 그 시기 신라는 한강 유역을 차지했고, 그 위쪽으로 계속 세력을 팽창하려 했다. 이에 온달은 "죽령 서쪽을 빼앗지 못한다면 결코 돌아오지 않겠다"라는 비장한 각오를 하고 출전했다. 그런데 여기서 문제가 발생했다. 온달이 전사한 아단성이 현재의 아차산성을 지칭하냐는 것이다. 여기서 잠깐! 위에 《삼국사기》에 언급한 것처럼 '아차(阿且)'와 '아단(阿旦)'으로 둘 다 불렸다면 현재의 아차산성이 아단성이라는 것이 아닌가?

"평강공주와의 로맨스로 유명한 바보온달이 590년에 아단성에서 장렬하게 최후를 맞습니다. 그런데 문제는 아단성으로 불린 곳이 하나가 아니라는 겁니다."

"아니 아단성이 또 있어요? 아차산이랑 이름도 비슷해서 헷갈리는데…."

"그렇죠. 말을 하고 있는 저도 헷갈립니다."

"그래서 다른 한 곳은 어디인데요?"

"충북 단양에 있는 온달산성입니다."

이 문제를 두고 수강생들과 이야기할 때는 온달산성을 언급해야 겨우 실타래가 풀린다. 한마디로 단양의 온달산성도 아차산처럼 아단성이라고 불렸던 것이다. 더 정확히는 '을아단성'이라고 불렸다.

'아차' 해서 아차산?

아차산생태공원의 인어공주상

이런 식의 지명유래는 재미가 없다. 잘 쓰이지도 않는 한자나 남발하고. 좀 흥미로운 이야기를 해보자.

조선 명종 때였다. 홍계관이라는 사람이 있었는데 점을 잘 쳤다. 이에 명종이 그를 불러 시험을 해 보았다. 홍계관에게 궤짝 하나를 보여줬는데 그 안에는 쥐가 있었다. 임금은 홍계관에게 궤짝 안에 든 쥐의 숫자를 맞춰보라고 했고, 만약 맞추지 못한다면 사형을 당한다고 엄포했다. 이에 홍계관은 궤짝 안에 세 마리의 쥐가 있다고 했다. 하지만 궤짝 안에는 쥐가 한 마리뿐이었다. 결국 홍계관은 처형장으로 끌려갔다.

그런데 왕은 혹시나 하는 마음에 쥐의 배를 갈라보게 했다. 이게 어떻게 된 일인가? 거기에 새끼 두 마리가 들어 있었던 것이 아닌가! 그렇다. 홍계관의 말이 맞았던 것이다. 이에 급하게 처형의 집행을 중지를 명했지만 이미 홍계관은 죽고 말았다. '아차' 했지만 늦었다. 이에 그 사형장 위쪽 산을 아차산으로 불렀다는 것이다.

이 이야기는 그냥 재미있는 야담이라고 보면 된다. 조선시대의 공식 처형장은 서소문 밖이었다. 아차산이 아니었다. 아차산에서 죽은 사람은 홍계관이 아니라 앞서 언급했던 개로왕이었다. 참고로 서소문은 소의문이라고 불렸는데 서대문과 함께 일제강점기에 헐렸다. 그래서 서울의 서쪽에는 대문과 소문이 둘 다 멸실됐다.

아차산과 관련된 이야기 소개를 하느라 정작 트레킹은 뒷전인 글이 되었다. 늦었지만 다시 트레킹에 집중해보자.

아차산 역사트레킹은 아차산생태공원에서 트레킹을 시작한다. 등산로 초입에 자리 잡은 아차산생태공원은 작은 야외식물원처럼 꾸며져 있다. 아래쪽에는 작은 호수가 있는데 여름에는 분수를 뿜고, 겨울에는 얼음이 얼어 또 다른 볼거리를 제공한다. 그 호수 안에는 인어공주상이 있는데 사람들은 그 인어공주 앞을 지날 때마다 동전 던지기를 하며 소원을 빌었다.

필자는 무슨 소원을 빌었을까?

보루를 걷다. 서울 최고의 풍광을 걷다

인어공주를 지나친 트레킹팀은 아차산성을 만나게 된다. 해발 200m 고지에 자리 잡은 아차산성은 둘레가 약 1km 정도인 테뫼식 산성이다. 테뫼식이란 산 정상부를 둘러서 만든 성을 말한다.

아차산성은 한강이 손에 닿을 정도로 가까이에 있다. 거기에 올라서면 백제의 풍납토성과 몽촌토성이 한눈에 들어온다. 그래서 이 성은 백제가 수도 방어를 위해서 쌓았다고 전해진다. 이후 고구려로, 또 신라로 계속 주인이 바뀐다. 아차산성에는 백제, 고구려, 신라의 손길이 다 묻어 있다.

아차산 4보루. 주능선을 따라 고구려 보루가 산재해 있다. 보루들은 용마산과 망우산을 넘어 북한산까지 이어진다.

아차산성을 지나면 고구려 보루군을 만나게 된다. 아차산을 위시하여 용마산, 망우산, 수락산에는 여러 개의 보루군이 있다. 보루(堡壘)는 적의 침입을 막기 위해서 쌓은 구축물인데 성(城)보다는 작은 요새이다. '최후의 보루'라는 말을 떠올리면 쉽게 납득할 것이다.

아차산 역사트레킹의 백미는 이 보루군을 걷는 것이다. 아차산 정상부 능선을 따라 이어지는 보루군은 확 트인 시야를 선사한다. 완만하게 이어진 산책로 옆으로는 한강이 유유히 흐르고, 멀리는 북한산이 늠름한 자태를 뽐내고 있다. 그렇다고 한강이나 북한산 같은 자연물만 바라보는 건 아니다. 서울의 동쪽 시가지를 감상할 수 있다. 이런 풍광들을 다각도로 볼 수 있으니 서울둘레길 중에서 가장 멋진 코스라는 별칭이 붙었다.

이 보루군은 남한에서 쉽게 볼 수 없는 고구려 유적들이다. 보루군으로 고구려 국경지대 요새에 관해 이해하고, 고구려의 남하 과정을 파악할 수 있다. 다른 산에 있는 보루들보다 아차산의 보루가 훨씬 더 잘 복원되어 있다. 확 트인 곳에서 트레킹도 하고 쉽게 볼 수 없는 고구려 유적들도 탐방할 수 있으니, 그거 정말 좋은 일 아닌가? 참고로 아차산 정상은 별다른 표식이 없었는데 최근에 표지석이 하나 생겼다.

이제 트레킹팀은 긴고랑길로 하산한다. 긴고랑길은 지형이 순하다. 그래서 올라오기도 편하고, 내려가기도 편하다. 옆에 계곡도 있다. 긴고랑길 계곡은 비가 와야 그 모습이 나타나는 건천에 가깝다. 하지만 비가 제대로 내려 그 모습이 온전히 드러나면 꽤 매력적인 계곡으로 변신한다. 시원하게 물줄기를 뿌리는 폭포도 형성된다.

아차산 역사트레킹을 하다 보면 아름다운 한강이 왜 요충지였는지를 알게 될 것이다. 300m도 안 되는 작은 산에 백제, 고구려, 신라의 자취가 고스란히 묻어 있기 때문이다. 특히 남한에서 보기 드문 고구려 유적을 아름다운 풍광을 보며 만날 수 있다는 것이 신기할 정도다. 이러니 아차산을 안 갈 수 있겠나!

아차산생태공원의 봄

아차산 역사트레킹

1. 코스: 아차산생태공원 ⋯▶ 아차산성 ⋯▶ 고구려정 ⋯▶ 보루군 ⋯▶ 긴고랑길

2. 이동거리: 약 8km

3. 예상시간: 약 3시간 30분(쉬는 시간 포함)

4. 난이도: 중

5. In: 아차산역 2번 출구(지하철5호선) / Out: 긴고랑길

　　☞ 긴고랑길 종료점에서 마을버스를 타고 7호선 군자역으로 이동할 수 있음

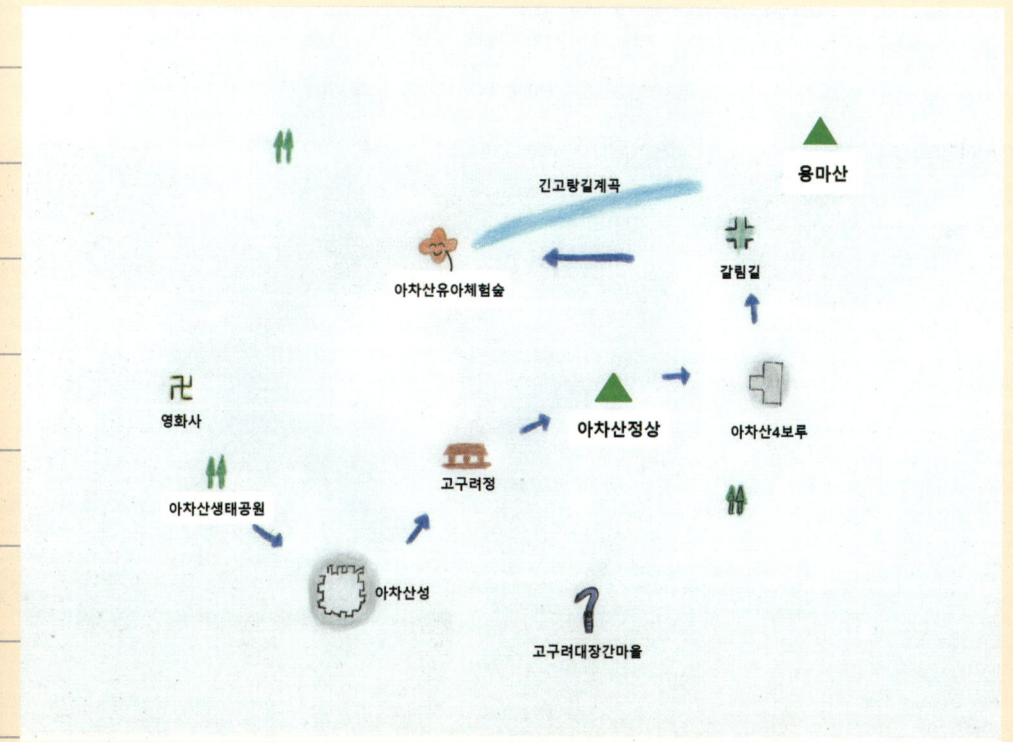

삼국이 격렬하게 격돌했던 그곳

10

내 아웃도어의 베이스캠프 관악산

관악산 역사트레킹

관악산 역사트레킹은 낙성대에서부터 시작된다. 낙성대(落星垈)의 한자를 풀어보면 '하늘에서 별이 떨어진 집'이란 뜻이다. 이곳은 고려시대 때 거란을 크게 무찔렀던 강감찬 장군이 태어난 곳이다. 현재 생가터는 주택가 한복판에 있어서 한눈에 위치가 파악되지 않는다.

아웃도어를 즐기는 사람이라면, 누구나 다 자신만의 베이스캠프가 하나쯤은 있기 마련이다. 필자도 그런 베이스캠프가 하나 있다. 그곳에서 체력을 키우고, 정신을 단련하며, 스스로의 위치를 점검했다. 필자의 언어 사용이 조금 의아하신 분들도 있을 것이다. 베이스캠프면 '전진기지로서 물자를 저장해 두는 고정적인 시설'이 아닌가? 그곳을 근거 삼아 고지 정복을 하는 것이고. 그런데 왜 정신을 단련하고, 자신의 위치를 점검하는가?

오해 없기를 바란다. 여기서 필자는 '베이스캠프'라는 말을 사전적 의미로 쓰지 않았다. '베이스캠프'를 굳이 물리적 공간으로 한정하지 않았다는 뜻이다. 심리적인 공간으로서의 베이스캠프도 존재한다는 말이다. 뭐 비빌 언덕이라고도 칭할 수도 있겠다.

서론이 길어졌다. 그럼 필자의 베이스캠프는 어디일까? 제목에 나와 있다시피 관악산이다.

강감찬 장군 기마상. 장군이 너무 숏다리다. 말은 잘 표현했는데…

서울의 남주작 관악산

관악산(冠岳山)은 '악(岳)' 자가 붙은 산이다. 예로부터 경기 5악(五岳)으로 불릴 정도로 산세를 과시했었다. 경기 5악은 개성의 송악산, 파주의 감악산, 포천의 운악산, 가평의 화악산, 그리고 관악산을 말한다. 등산을 좋아하는 사람은 어떤 산들인지 잘 아실 것이다. 한마디로 쟁쟁한 산들이다. 물론 개성의 송악산은 휴전선 이북에 있으니 지금은 마음대로 갈 수 없다. 어쨌든 옛 선인들이 바라보는 관악산이 어땠는지 알아볼 수 있는 대목이다.

조선이 건국된 후 관악산은 한양의 외사산(外四山) 중 하나가 되었다. 한양의 외곽을 감싸는 네 개의 산을 말하는 외사산은 다음과 같다. 북쪽의 북한산, 동쪽의 아차산, 남쪽의 관악산, 서쪽의 덕양산이 바로 그것이다. 덕양산은 지금의 행주산성을 말한다. 그렇게 외사산에서 남쪽에 위치한 관악산은 한양의 남주작이 되었다. 북현무는 북한산이고.

남산서울타워에서 바라본 관악산. 정상부를 향해 불꽃이 타올라 가는 모습이다. 그래서인지 관악산은 화기가 많은 산이라고 불렀다.

믿거나 말거나. 관악산의 화기를 어떻게 할 거나?

당연한 이야기일지 모르겠지만 서울을 대표하는 산은 북한산이다. 그래서 관악산은 서울의 '진산'이 될 수는 없었다. 높이만 봐도 그렇다. 북한산이 837m고, 관악산이 632m다. 하지만 한강 이남 지역만 놓고 보자면 관악산은 단연 최고의 산일 것이다.

관악산 일대의 가치는 이미 고대에서부터 증명되었다. 고구려, 백제, 신라 삼국은 한강 하류지역의 주도권을 잡기 위해 이 일대에서 치열한 쟁탈전을 벌였다. 고려시대에는 남경(지금의 서울)을 방어하기 위한 남쪽 산으로 그 전략적 가치가 중시되었다.

이런 풍부한 역사성 때문인지 관악산은 스토리텔링의 보고와도 같다. 그중에서도 가장 흥미로운 이야기는 조선의 건국과 관련이 있다. 조선은 철저하게 풍수지리학에 따라 건국된 나라였다. 그럼 조선의 건국자들은 관악산을 어떻게 보았을까?

믿거나 말거나 같은 이야기를 해본다. 조선 건국에 나선 이들은 관악산을 화기(火氣)가 강한 산이라고 생각했다. 아무리 중간에 한강이 있다고 하더라도 그 화기가 도성 안으로 미칠 수 있다고 생각했다. 2008년도에 복원된 숭례문(崇禮門)을 보자. 현판이 세로로 쓰여 있다. 숭(崇)을 불꽃이 타오르듯이 길게 늘여 썼다. 례(禮)는 남쪽을 뜻하는데 오행으로는 '불'을 의미한다. 정리하자면 맞불을 놓아 관악산의 화기를 억제한다는 의미다.

지금은 광화문 앞에 놓인 해태상도 관악산의 화기와 연관이 있다고 한다. 원래 해태상은 지금의 세종문화회관과 정부종합청사 사이에 있던 사헌부 앞에 놓여 있었다. 해태는 사악한 이들을 잡아먹는 상상의 동물인데, 물을 상징하기도 했다. 해태상은 관원들의 심기일전을 돕기도 하고 화기를 막기도 했던 것이다. 아이들의 놀이기구가 되기도 했다. 옛 구한말

때 사진을 보면 해태상 위로 아이들이 올라가서 재밌게 놀고 있었다.

진짜 낙성대는 어디?

관악산 역사트레킹은 낙성대에서부터 시작된다. 낙성대(落星垈)의 한자를 풀어보면 '하늘에서 별이 떨어진 집'이란 뜻이다. 이곳은 고려시대 때 거란을 크게 무찔렀던 강감찬 장군이 태어난 곳이다. 현재 생가터는 주택가 한복판에 있어서 한눈에 위치가 파악되지 않는다.

생가터에서 약 300m 정도 올라가면 안국사(安國祠)라는 강감찬 장군을 기리는 사당이 나온다. 안국사라는 이름은 장군이 거란을 물리치고 받은 추충협모안국공신(推忠協謀安國功臣)라는 시호에서 유래했다.

"이 안국사가 1974년에 만들어졌는데요. 그런데 사람들은 여기가 낙성대라고 생각해요. 아까 주택가에 숨어 있는 곳이 강감찬 장군이 진짜 태어난 장소이고, 이곳은 이후에 강감찬 장군의 사당이 들어선 곳이죠."

"예?"

"그런데 이 안국사가 규모가 있고, 더군다나 이 안국사 일대를 낙성대공원이라고 명명한 거예요. 그러니 착각을 하는 것이죠."

낙성대 삼층석탑. 낙성대가 있는 관악산이 옛 백제 땅에 속해서 그런지, 백제시대 탑의 영향을 받았다. 탑 상륜부가 훼손되어 있다.

안국사. 강감찬 장군을 모신 사당이다.

낙성대를 올 때마다 반복적으로 이런 설명을 한다. 하지만 필자가 표현을 잘 못해서 그런지 설명을 듣고도 계속 착각하는 사람도 있었다. 하긴 어리둥절할 만하다. 필자도 똑같았으니까.

문관 출신 최전방 사령관, 강감찬

강감찬 장군과 관련된 이야기는 계속된다.

"그거 아세요? 강감찬 장군이 사실은 문신 출신이라는 거요."
"정말요?"
"더 놀라운 사실이 있어요. 장군께서 나이 70에 최전방 사령관으로 직접 전투를 지휘했다는 겁니다. 그러다 귀주대첩에서 큰 승리를 거둬서 거란 세력을 물리쳤고요."
"아! 그래요?"

이 설명을 들으면 하나같이 놀란다. 《삼국지》의 황충 장군도 아니고, 고희의 나이에 최전방에서 칼을 휘둘렀다는 점이 놀라웠을 것이다. 더구나 상대편은 당시 동북아의 새로운 강자로 등장한 거란족이 아닌가?

이야기를 좀 더 확장해보자. 고려는 발해를 멸망시킨 거란을 두고 금수지국(禽獸之國)이라고 칭하며 건국 초부터 강경 정책을 펼쳤다. 그래서 거란이 선물로 준 낙타를 굶겨 죽인, 일명 만부교 사건도 발생했던 것이다.

거란은 요나라를 세우고 동북아에서 위세를 떨쳤다. 당시 요나라는 만리장성 부근에서 송나라와 대치하게 됐는데 한반도에 있는 고려에 대해 늘 신경을 곤두세웠다. 고려가 송나라와 손을 잡고 자신들을 공격할 수 있다는 생각 때문이었다. 그래서 3차례에 걸쳐 고려를 침공하였다. 강감찬 장군은 3차 침공 때 상원수가 되어 10만 거란군을 격퇴했고 그로 인해 고려는 전란의 위협에서 벗어날 수 있었다.

안국사 뜰 안에는 그런 강감찬 장군을 기리는 3층 석탑이 서 있다. 상륜부라고 불리는 맨 꼭대기는 무너져 내렸지만, 나머지는 1천 년 가까운 세월을 잘 버텨내고 있다. 이 탑은 원래 장군의 생가에 있던 것을 안국사가 만들어지면서 현 위치로 옮겨온 것이다.

계속 '강감찬 장군'이라는 명칭을 사용하지만 앞서 언급한 것처럼 강감찬은 문신 출신이었다. 한국사 시간을 곱씹어 보시라. 과거에서 무관을 뽑았던 건 고려 후기 이후였다. 고려 초기 사람이었던 강감찬은 당연히 문관 출신이었다. 한마디로 강감찬은 문무에 모두 능한 인재였다. 이를 두고 출장입상(出將入相)이라고 하는데 '나가서는 장수(將帥)요, 들어와서는 재상(宰相)이라'는 뜻이다.

도교에서는 문(文)을 관장하는 별을 문곡성(文曲星)이라고 칭한다. 문(文)이 뛰어난 사람을 두고도 문곡성이라는 말한다. 그런데 강감찬도 문곡성이라고 불렸다. 최전방 사령관이자 문곡성이었던 강감찬! 그렇게 많은 이들의 사랑을 한 몸에 받았던 인헌공 강감찬은 84세에 천수를 누리다 영면했다.

서울대에서 바라본 관악산 정상부

북자하동 계곡. 이른바 서울대계곡이라고 더 많이 불린다.

무학대사가 세운 자운암

강감찬 장군 이야기가 길어졌다. 이해 좀 해주었으면 한다. '내 아웃도어의 베이스캠프'인 관악산 이야기를 하고 있고, 그 산이 낳은 한국 최고의 위인 중에 한 명인 강감찬 장군 이야기를 하고 있으니까.

이제 트레킹팀은 서울대 방향으로 발걸음을 옮긴다. 관악산 둘레길을 따라가다 서울대 캠퍼스 안으로 진입한다. 그렇게 트레킹팀은 자운암을 향해간다.

서울대에 대해서는 굳이 여기서 언급할 필요는 없을 것이다. 하지만 1975년 서울대가 현재의 위치로 이전한 후 형성된 고시촌은 잠깐 언급해 보자. 조선시대 관악산은 벼슬산으로 불렸다. 청운의 꿈을 안고 서울로 올라온 이들은 산세가 수려하다는 이유로 관악산에 있는 절에 기거하며 과거 준비에 몰두했다. 조선시대에도 관악산은 '고시촌'이었다. 그렇게 고시촌에서 붙어나간 이들이 많았기에 관악산이 자연스럽게 벼슬산이라는 애칭을 얻은 것이다.

다시 자운암 이야기. 자운암은 무학대사가 1396년에 창건했다. 600년이 넘는 고찰이지만 경내가 큰 사찰은 아니다. 이 절은 이름이 한 번 바뀐다. 창건 당시의 이름은 자운암(紫雲庵)이었지만 1734년(영조 13)에 대효선사가 자운암(慈雲庵)으로 이름을 바꾼다. '紫'에서 '慈'으로 한자가 바뀌었다.

또 본전도 바뀐다. 자운암의 본전은 원래 관음보살을 모신 관음전이었다. 그러다 1976년 보륜 스님이 석가모니 불상을 세우고, 이름도 대웅전으로 고친다. 아시다시피 대웅전은 석가모니불을 모시는 곳을 말한다. 이곳에는 성종 임금이 자신의 어머니 소혜왕후를 위해 만들어 봉안한 위패가 지금까지 보존되고 있다. 또한 경내 뒤쪽에는 거대한 마애불이 있다.

그런데 2019년 가을경에 방문했을 때 자운암의 건물들은 철거가 되어 있었다. 대웅전을 제외한 모든 건물이 망실되었다. 소송에 걸려서 그랬다는 이야기가 전해진다. 예상하지 못한 광경을 지켜보니 좀 당황스러웠다. 무슨 사정이 있는지 모르겠으나 원만히 문제가 해결되었으면 좋겠다.

당신의 베이스캠프는 어디입니까?

트레킹팀은 이제 자하동계곡을 걷게 된다. 북자하동 계곡인데 사람들에게는 '서울대 옆 계곡'으로 더 많이 불리는 곳이다. 자하동이란 명칭은 산 건너편 경기도 과천 쪽에도 존재한다. 그곳은 남자하동 계곡이다.

조선 후기 시절에 시·서·화 삼절에 능했던 사람이 있었는데, 바로 자하(紫霞) 신위(申緯)이다. 그는 관악산에 은거했는데 남·북 자하동 모두 신위 선생의 호인 '자하'를 따서 명명한 것이다. 추사 김정희는 신위를 존경했다. 그래서인지 과천 남자하동 계곡에는 추사 김정희가 새겼을 것으로 추정되는 '紫霞(자하)' 바위 글씨도 있다.

북자하동 계곡도 많은 이의 사랑을 받는 곳이다. 계곡 폭이 비교적 좀 넓고, 유량도 풍부해서 그런 것이다. 필자도 어렸을 때 이곳에서 물놀이를 많이 했다. 그러고 보니 관악산은 필자의 베이스캠프이자 놀이동산이었던 셈이다.

이제까지 관악산 역사트레킹에 대해서 알아보았다. 필자의 베이스캠프를 알려야겠다는 생각에 설명식의 좀 딱딱한 글이 된 거 같다. 좀 어깨에 힘이 들어간 거 같다. 어쨌든 필자의 베이스캠프를 독자들에게 알렸으니 그것으로 만족한다.

관악산 역사트레킹

1. 코스: 강감찬생가 ⋯▶ 낙성대공원 ⋯▶ 자운암 ⋯▶ 관악산계곡(북자하동)

    ⋯▶ 관악산호수공원 ⋯▶ 관악산입구

2. 이동거리: 약 8km

3. 예상시간: 약 3시간 30분(쉬는 시간 포함)

4. 난이도: 하

5. In: 지하철 2호선 낙성대역 3번 출구 / Out: 서울대

    ☞ 경전철 신림선 관악산역(서울대)을 이용하여 귀가할 수 있음

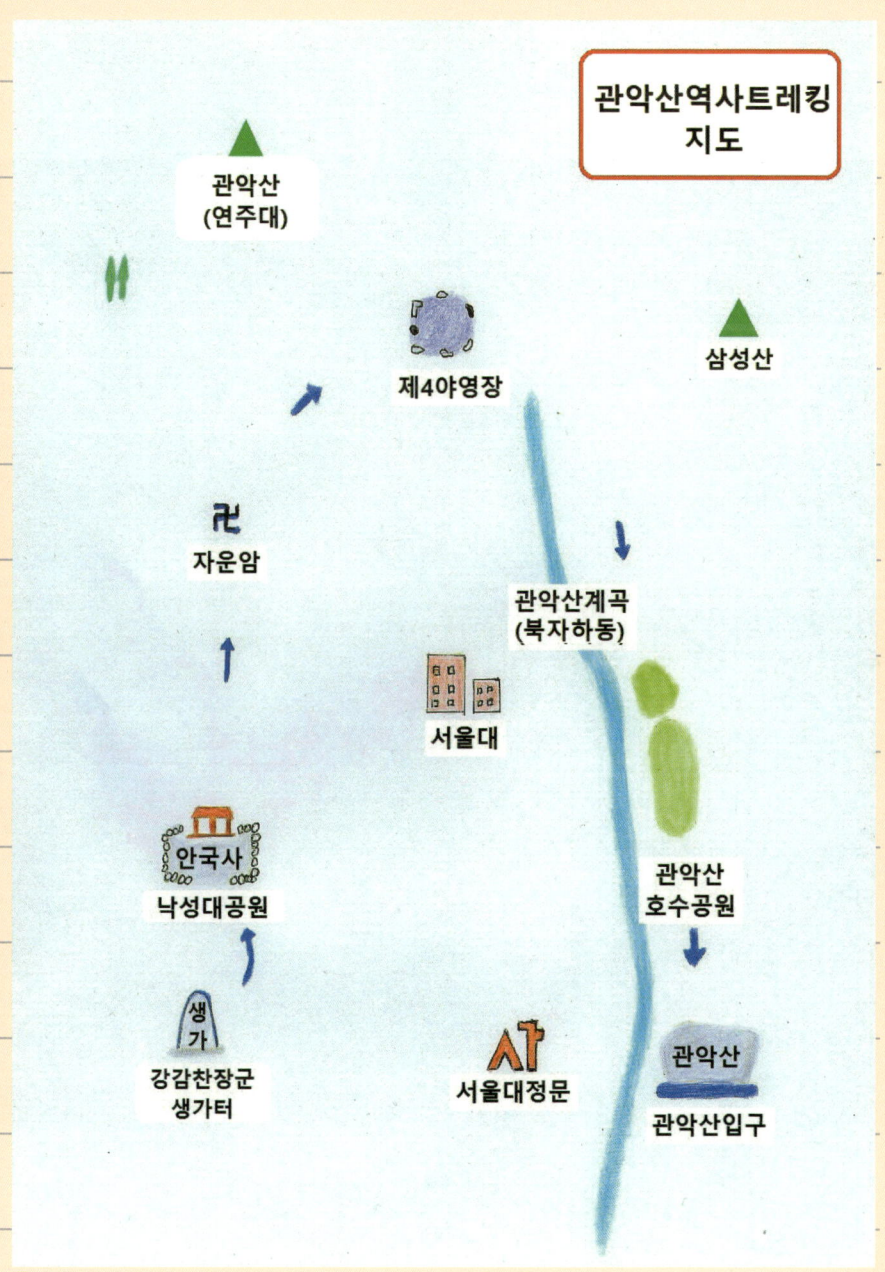

11

북한산 서편의 명찰, 진관사

진관사 역사트레킹

진관사 역사트레킹은 북한산의 서쪽을 집중적으로 탐방한다. 북한산 둘레길을 기반으로 걷기 때문에 난이도가 높지도 않다. 숲길을 따라 걷기 좋은 길을 가다 보니 참가자들은 흥얼거리며 콧노래를 부른다. 그러다 갑자기 이렇게 이야기한다.

　진관사 역사트레킹은 지하철 6호선 독바위역에서 집합하는데, 독바위역은 출구가 하나밖에 없다. 진관사 역사트레킹을 할 때 항상 불광사 앞 소공원에서 스트레칭을 했다. 그리고 이런 멘트도 했다.

　"불광사를 다녀왔는데요. 우리가 서 있는 동네가 불광동이에요. 사찰 이름을 따서 동네 이름이 지어졌어요. 안양사가 있어서 안양시라는 동네 이름이 붙여진 것처럼요."

　진관동도 마찬가지다. 진관사가 있어서 진관동이라는 동네 이름이 생겼다. 그러고 보니 진관사 역사트레킹은 사찰의 이름에서 따온 동네들을 두 곳이나 지나간다. 스트레칭을 끝내고 길을 나설 때 이런 멘트도 했다.

　"불광동 하면 뭐가 생각나세요? 불광동 휘발유?"

　하지 말았어야 했나. 썰렁함에 기름을 부은 것 같았다.

북한산과 어우러진 진관사

서쪽과 동쪽이 다른 북한산

진관사 역사트레킹은 북한산둘레길 8구간 구름정원길과 9구간 마실길을 따라 걷게 된다. 불광사를 빠져나오면 넓게 펼쳐진 도시 텃밭을 만나게 된다. 그 뒤로는 북한산 선림봉이 널찍한 암반면을 드러내며 자리잡고 있다. 선림봉은 400m가 되지 않는 봉우리인데 북한산 서쪽에 있다.

북한산은 일명 삼각산이라고 불린다. 백운대(837m), 인수봉(810m), 만경대(800m), 세 개의 봉우리가 삼각뿔의 형태를 지녔다고 하여 그렇게 불린 것이다. 그런데 그 삼각뿔은 동쪽에 치우쳐 있다. 지역으로 따지면 강북구 우이동 방면에 삼각뿔이 펼쳐져 있다. 그에 비해 선림봉, 그리고 진관사의 뒤쪽 봉우리인 응봉은 북한산의 서쪽에 자리 잡고 있다.

같은 북한산이라고 해도 삼각뿔이 있는 동쪽과 진관사가 있는 서쪽은 좀 차이가 난다. 동쪽은 거대한 봉우리들이 장벽처럼 늘어서 위용을 자랑하고 있다면, 서쪽은 비교적 낮은 봉우리들이 올망졸망하게 늘어서 있다. 같은 북한산이라고 해도 서쪽과 동쪽을 비교해가면서 탐방해보는 것도 하나의 재미일 것이다.

이거 돌하르방이에요?

진관사 역사트레킹은 북한산의 서쪽을 집중적으로 탐방한다. 북한산 둘레길을 기반으로 걷기 때문에 난이도가 높지도 않다. 숲길을 따라 걷기 좋은 길을 가다 보니 참가자들은 흥얼거리며 콧노래를 부른다. 그러다 갑자기 이렇게 이야기한다.

문인석 옆에서 해설하는 필자. 문인석은 원래 두 개가 한 쌍인데 도굴 때문에 하나만 남았다. 얼핏 보면 돌하르방 같아 보인다.

"어, 이거 뭐예요? 돌하르방인가?"

홀로 서 있는 문인석(文人石)을 두고 그렇게 물은 것이다. 쌍으로 있어야 할 문인석이 홀로 외떨어져 있으니 돌하르방으로 착각한 것 같다. 그럼 왜 거기 문인석이 있는 것일까?

불광동에서 진관동으로 향하는 북한산둘레길 8구간 구름정원길 곳곳에서는 주인 잃은 석물들이 방치되어 있다. 이곳에서는 조선시대 내시와 궁녀들의 무덤들이 산재해 있는데 그들의 무덤에 세워진 석물들이 방치된 것이다. 궁인들은 후손이 없기에 그들의 묘소는 황폐화됐고, 석물들도 버려졌다.

조선시대에는 성저십리라 하여 도성 밖 10리까지는 무덤을 쓰지 못하게 했다. 10리는 약 4km 정도에 달하는데, 불광동 일대의 북한산은 도성에서 4km보다 멀리 떨어져 있었다. 도성에서 10리 이상 벗어나 있고, 산세도 그리 힘하지 않으니 무덤을 쓰기에 안성맞춤이었던 것이다. 더군다나 그 앞으로 의주대로가 펼쳐져 있으니 교통도 편리했다. 인근에 이말산이라고 불리는 야트막한 산이 있는데 이곳에도 수많은 내시와 상궁들의 묘지가 있다. 그래서인지 근처에 있는 북한산둘레길 10구간은 아예 명칭이 내시묘역길이다.

똥강아지가 내시를 만들었다?

궁인들은 재산 모으기와 무덤을 꾸미는 데 관심이 많았다고 한다. 후손이 없으니 다른 방면으로 에너지를 쏟은 것이다. 그래서 무덤가에 세우는 석물들이 화려했다. 여느 사대부들의 무덤가에 세워진 석물들과 비교해봐도 결코 뒤지지 않았다.

정교하게 새겨진 문인석들을 보고 있자면 어느 왕릉의 문인석이 연상될 정도였다. 그런 이유 때문인지 석물들은 후에 도난당하는 경우도 많았다. 주인이 없는 석물들을 다른 사람들이 들고 나간 것이다. 그래서 홀로 남은 문인석들을 이 코스에서 마주치게 되는 것이다. 문석인이라고도 불리는 문인석은 둘이 한 쌍으로 무덤을 지킨다. 무인석도 마찬가지로 한 쌍으로 이루어져 있다.

"내시가 됐던 경우가 몇 가지 있습니다. 예전에는 꼬맹이들이 똥을 싸고 똥강아지들에게 엉덩이를 내밀었어요. 꼬맹이는 똥강아지에게 비데를 받았고, 똥강아지는 별미를 즐긴 셈이죠. 그러다 똥강아지가 엉뚱하게도 꼬맹이의 거기를 앙 하고 물어버립니다."

트레킹팀은 주로 여성들이 많지만, 필자는 꼭 저 해설을 한다. 똥강아지 흉내를 내면서 혀도 날름거린다. 그런 필자를 한심하게 보는 참가자들도 있었다. 하지만 저 설명을 포기할 수가 없었다. 저렇게 액션을 취해야 더 생동감 있게 와닿지 않겠는가.

저것 말고도 내시가 되는 경우가 있었다. 예전에는 밤에 화로를 많이 썼는데 화로가 넘어져 성불구가 되어버리는 경우가 종종 있었다. 한편 자기 아들을 궁궐로 보내려고 일부러 성불구자로 만드는 일도 있었다.

궁인들의 무덤도 키가 큰 소나무들이 주위를 감싸고 있었다. 못생긴 소나무가 무덤을 지킨다고 했나? 그렇다면 이 소나무들은 파수꾼 역할을 제대로 못 한 셈이다. 그래도 솔내음은 언제나 좋다. 머리가 맑아지는 느낌이 좋다.

의리남이었던 화의군과 금성대군

소나무 숲길을 따라 내려오면 진관동이다. 앞에 한옥마을이 펼쳐지는데 유명한 은평 한옥마을이다. 한옥마을을 지나면 마지막 탐방지인 진관사에 다다른다. 진관사에 가기 전에 잠깐 화의군 묘역에 가보자.

세종대왕은 슬하에 자녀들이 참 많았다. 무려 18남 4녀를 두었으니 다

화의군 묘

산의 상징이라고도 할 만하다. 하지만 세종대왕보다 더 많은 자식을 둔 왕이 있었다. 바로 세종의 아버지 태종 이방원이었다. 태종은 슬하에 12남 17녀를 두었으니 조선왕조에서 가장 많은 자녀를 둔 왕이었다.

다시 화의군 이야기. 화의군은 세종대왕의 아홉 번째 아들이었다. 서자 중에서는 첫 번째였다. 그는 학문에 조예가 깊었는데 아버지 세종대왕을 도와 한글 창제에도 큰 역할을 했다고 전해진다.

"화의군은 분명 명석한 두뇌를 가지고 있었습니다. 하지만 우리가 똑똑히 기억해야 할 건 그가 의리남이었다는 것입니다. 단종과 관련하여 많은 종친이 수양대군에 편에 서게 되는데 화의군은 끝까지 절의를 지켰습니다. 진정한 의리남이었죠."

화의군 묘역 앞에서 꼭 저런 해설을 했다. 역사 인물을 해설할 때 가장 좋은 장소는 해당 인물의 묘지 앞이다. 죽은 자는 말이 없지만 산 자는 해당 묘지를 바라보며 그의 삶을 곱씹어 볼 수 있기 때문이다.

1456년, 사육신에 의해 단종복위운동이 일어났는데, 화의군이 이에 연루됐다 하여 전라도 금산(현재는 충청남도 금산)으로 유배된다. 이때 세종대왕의 여섯째 금성대군도 경상도 순흥에 같은 죄목으로 유배된다. 이미 금성대군은 삭녕(철원과 연천의 옛 지명)에 유배되었다 순흥으로 왔으니 정확히는 이배(移配)가 된 것이다. 순흥은 지금의 경상북도 영주다.

다음 해인 1457년, 금성대군은 순흥부사 이보흠과 함께 군사를 일으켜 세조를 폐하고 다시 단종을 복위시키려 했으나 계획이 사전에 발각되고 만다. 결국 금성대군은 처형된다. 이때 화의군도 아들과 함께 사사된다. 끝까지 절의를 지키다 죽음을 맞이하게 된 것이다. 수양대군 세력과 적당히 타협했으면 순탄하게 살아갈 수도 있었다. 하지만 화의군과 금성대군은 스스로 가시밭길을 걸었다. 진정한 의리남이 아닌가!

화의군 묘역과 멀지 않은 곳인, 구파발역 부근에 금성당이라는 금성대군을 모신 신당이 있다. 서울에서 흔하게 볼 수 없는 신당인데 현재는 샤머니즘박물관으로도 이용되고 있다. 그러고 보면 은평구 진관동 일대는 세종대왕과도 연관이 깊은 곳이다.

기막힌 스토리가 숨어 있는 진관사

은평한옥마을을 지나 마지막 탐방지인 진관사로 향한다. 서울을 둘러싸고 있는 4대 명찰이 있다. 동쪽에 불암사, 남쪽에 삼막사, 북쪽에 승가사. 그럼 서쪽은? 진관사다. 천년 고찰인 진관사(津寬寺)는 1010년(고려 현종 2)에 만들어졌다. 현종이 직접 창건한 이 절은 진관대사를 위해 세워졌다고 한다.

태조 왕건의 손자였던 현종, 즉 왕순(王詢)은 어릴 적에는 대량원군(大良院君)으로 불리기도 했다. 왕건의 손녀였던 천추태후로부터 어릴 적부터 박해를 받은 왕순은, 한때 강제로 승려가 되기도 하였다. 천추태후가 그의 이모가 되기도 했는데 이것은 당시 얽히고설킨 왕실혼 때문에 그렇게 된 것이다. 같은 왕건의 혈통이자 이모뻘의 천추태후로부터 살해위협

진관사에 있는 전통찻집. 독특하게 초가를 올렸다.

까지 받게 된 건 그가 왕위계승자였기 때문이다. 당시 천추태후는 애인인 김치양과의 사이에서 낳은 아이를 왕으로 등극시킬 셈이었다.

그런 천추태후의 마수가 진관사에까지 뻗치게 됐다. 원래 진관사 자리에는 신혈사라는 사찰이 있었는데 이곳에서는 진관이라는 승려가 홀로 수도를 하고 있었다. 승려가 홀로 거처하는 곳이라 천추태후 입장에서는 무언가 거사를 치르기에 적당한 곳이라고 생각했던 모양이다. 그랬다. 천추태후는 신혈사에 자객을 보내 왕순을 죽일 셈이었다.

천추태후의 의도대로 왕순이 자객에 손에 비명횡사했다면, 현종도 탄생하지 않았을 것이고, 지금의 진관사도 찾아볼 수 없었을 것이다.

천추태후의 의도를 눈치챈 진관은 본존불을 안치한 수미단 밑에 굴을 파서 왕손을 숨기는 기지를 발휘한다. 수미단은 불상을 올려놓는 단을 말하는데, 수미산은 불교에서 말하는 상상의 산이다.

그렇게 진관에 의해 목숨을 건진 왕순은 3년 뒤, 개경으로 돌아가 왕위에 오르니 그가 바로 고려 제8대 왕 현종이다. 현종은 1010년, 신혈사 자리에 대가람을 세우고 진관 대사의 이름을 따 지으니, 바로 지금의 진관사다.

조선시대 진관사는 사가독서제로 이용된 곳이다. 사가독서제란 젊은 관료들에게 휴가를 주어 학문에 정진하게 만든 제도로, 세종시대에 처음 도입되었다. 풍광이 수려하고 계곡이 시원한 진관사라면 학문을 닦기에 제격이었을 것이다. 그렇게 사가독서제로 진관사를 다녀간 이들은 성삼문, 박팽년, 신숙주 등이었다.

진관사는 한국전쟁 때 많은 전각이 소실됐다. 그래서 지금은 천년고찰의 웅장함이 묻어나지는 않는다. 하지만 여전히 많은 이들의 발걸음을 모으는 사찰이다. 진관사 숲길과 계곡을 걷다 보면 몸도 마음도 깨끗이 씻겨 내려가는 느낌을 받는다. 그런 느낌이 좋아서 수많은 발걸음이 진관사로 향하는 것이 아닐까?

진관사 역사트레킹

1. 코스: 불광사 ···▶ 기자촌근린공원 ···▶ 내시묘 ···▶ 화의군묘 ···▶ 은평한옥마을
   ···▶ 진관사

2. 이동거리: 약 7km

3. 예상시간: 약 3시간 30분(쉬는 시간 포함)

4. 난이도: 하

5. In: 지하철 6호선 독바위역 1번 출구 / Out: 진관사
   ☞ 진관사 탐방 후 은평한옥마을에서 버스로 3호선 구파발역으로 이동할 수 있음

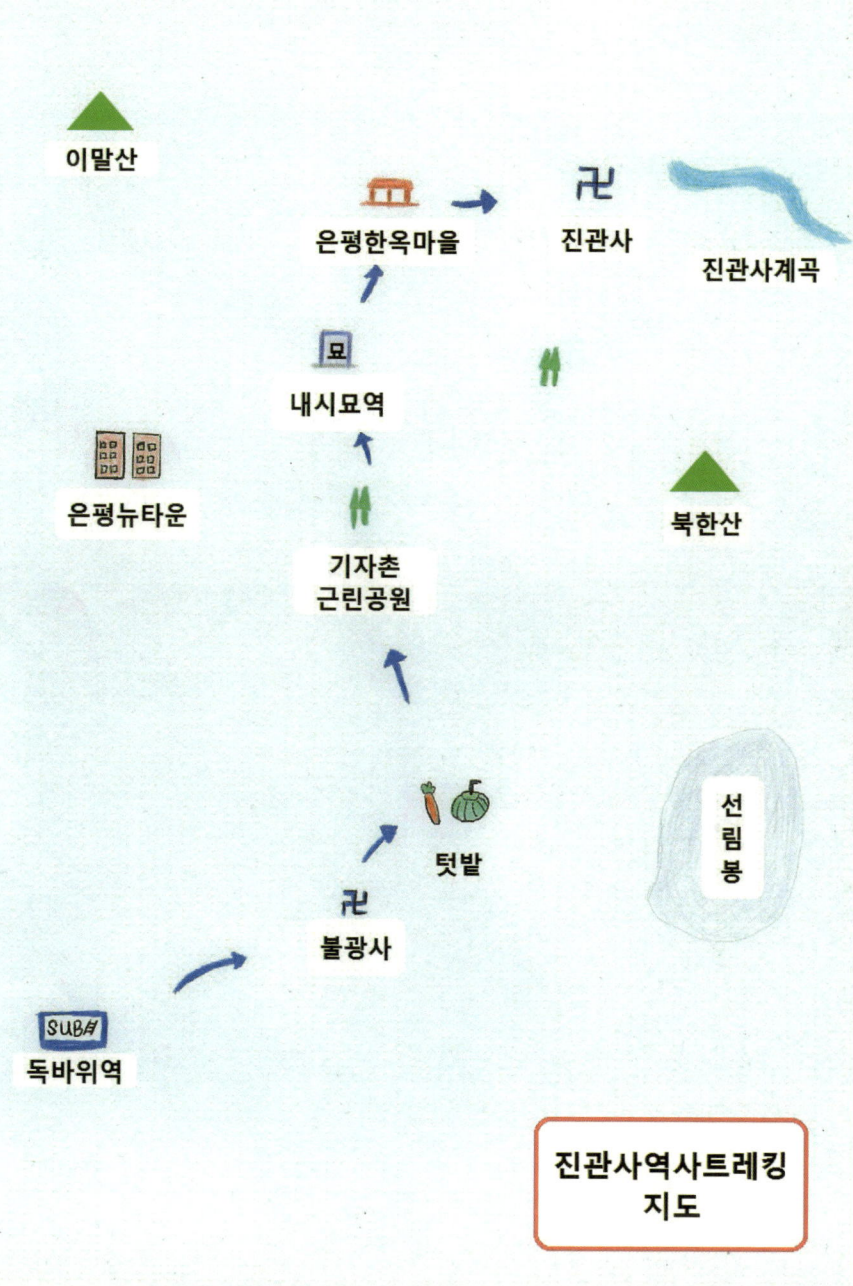

12

선유도가 선유봉이었다고?

한강 역사트레킹

'한강 역사트레킹'의 첫 번째 도착지는 선유도 공원이다. 원래 선유도는 선유봉이라고 불렸던 해발 40m 정도의 봉우리였다. 강가 바로 옆쪽에 우뚝 선 모습이 아름다워 예로부터 많은 이들의 사랑을 받아왔다고 한다. 중국 사신들도 조선에 오면 꼭 선유봉이 있는 양화 일대를 유람하고 돌아갔다고 할 정도였다.

    이번 편은 한강 역사트레킹이다. 지난 '한강전망대 역사트레킹'을 소개했는데 그것과는 다른 내용이다. 지역적으로 보자면 '한강전망대 역사트레킹'은 한강의 동쪽을 기술했다. 이번 편은 한강의 서쪽을 기술한다. 그래서 둘을 서로 비교해보는 것도 하나의 재미일지 모른다.
    처음 한강 역사트레킹을 행했을 때 사람들 반응은 신통치가 않았다.

"한강이야 산책하고, 운동하는 그러는 곳이잖아요. 그렇게 친숙한 곳에 '한강 역사트레킹'이라는 거창한 명칭을 붙이는 거 오버 아니에요? 괜히 있어 보이려고 말이에요."

노들섬에서 바라본 한강철교. 가운데 있는 한옥은 천주교 새남터 성지이다.

과연 그럴까? 정말 한강이 그저 그런, 무색무취의 공간일까? 그렇지 않다는 것을 보여드리고 싶다. 그래서 이번 편은 한강에 대한 독자들의 변화를 이끌려고 한다.

선유도

무지개다리라고도 불리는 선유교. 저 다리를 넘어 선유도에 입도(?)할 수 있다.

자신을 아낌없이 다 내주었던, 선유봉

'한강 역사트레킹'의 첫 번째 도착지는 선유도 공원이다. 원래 선유도는 선유봉이라고 불렸던 해발 40m 정도의 봉우리였다. 강가 바로 옆쪽에 우뚝 선 모습이 아름다워 예로부터 많은 이들의 사랑을 받아왔다고 한다. 중국 사신들도 조선에 오면 꼭 선유봉이 있는 양화 일대를 유람하고 돌아갔다고 할 정도였다.

겸재 정선도 선유도를 사랑한 사람 중 한 명이었다. 겸재는 양천 현감으로 있었던 1741년에 〈양화환도(楊花喚渡)〉, 〈금성평사(錦城平沙)〉, 〈소악후월(小岳候月)〉 등 세 편의 진경산수화를 그려, 지금의 선유도 일대를 비롯한 서울 서쪽 한강 유역을 사실감 넘치는 필치로 담아내었다. 특히 〈양화환도〉에서는 선유봉과 함께 잠두봉이라고 불렸던 지금의 절두산이 등장하고, 또한 그 잠두봉 아래에는 양화진(지금의 합정동)의 모습도 그려져 있다. 선유봉과 잠두봉 사이의 강물을 느긋하게 나룻배로 건너고 있는 뱃사공의 모습도 화폭에 담겨 있다. 그림을 보고 있노라면, 필자도 그

그림 속에 뛰어들어 신선놀음하고 싶다는 욕망이 든다.

선유봉(仙遊峰)은 신선이 노닌다는 봉우리였다. 그럼 왜 선유봉은 졸지에 선유도로 내려앉았는가? 선유도는 이웃들에게 아낌없이 자신을 내주었다. 일제에 의해 여의도에 비행장이 들어설 무렵, 활주로를 닦고 제방을 쌓는다며 선유봉에서 채석을 한 것이다. 그렇게 선유봉은 채석장이 되어버렸고 봉우리는 점점 더 낮아져 갔다. 해방 후에도 선유봉은 계속해서 채석장으로 이용되었는데 선유봉에서 캔 돌들은 지금의 강변북로 공사 등에 이용됐다고 한다. 그렇게 깎이다 보니 선유봉은 납작하게 되었고, 이후 한강이 개발되어 강폭이 넓어졌을 때 영등포 쪽과 분리되어 섬이 되어 버린 것이다. 이후 1978년에는 서울 서남부권에 식수를 공급하는 정수장이 선유도에 들어섰다. 정수장은 지난 2000년에 폐쇄되어 지금의 선유도공원으로 재탄생했다.

그러고 보면 선유도는 참 사연이 많다. 깎이고, 부서지고, 졸지에 섬이 되어 버리고…. 하지만 앞서도 언급했듯이 선유도가 그렇게 아낌없이 내주었기에 지금이 서울 시민들은 느긋하게 '신선놀음'을 할 수 있게 됐다. 선유봉의 변화로 서울 사람들이 좋은 휴식처를 얻게 된 셈이다.

잠두봉. 선유도 방면에서 바라본 모습. 뒤쪽에 북한산이 우뚝 서 있다. 여기서 보이는 북한산은 남쪽이다.

잠두봉은 왜 절두산으로 개명했나?

선유도를 이야기하면서 절두산을 언급하지 않을 수 없다. 절두산은 한강 역사트레킹에서는 가지 않지만 꼭 짚어봐야 하는 곳이기 때문이다.

〈양화환도〉에서 절두산, 즉 잠두봉은 선유봉과 짝을 이루고 있다. 뽕나무가 많다고 하여 이름 붙여진 잠두봉은 그 머리가 불쑥 튀어나왔다고 하여 용두봉이라고도 불렸다.

중국 사신들이 조선에 왔을 때 꼭 들렀다는 잠두봉이, 정선이 화폭으로 담아낼 정도로 비경을 자랑하던 잠두봉이 왜 절두산으로 이름이 바뀌었을까? 그것도 머리가 잘린다는 의미의 절두산(切頭山)으로.

1866년. 흥선대원군의 주도로 이루어진 병인박해로 수많은 천주교도가 죽임을 당한다. 이때 주교인 베르뇌[Berneux, 장경일(張敬一)]를 포함한 아홉 명의 프랑스인들이 새남터(현재의 용산구 이촌동)와 충남 보령 갈매못 등지에서 처형당했다.

이것이 원인이 되어 병인양요가 발생한 것이다. 자국의 선교사가 처형됐다는 소식에 중국에 주둔하고 있던 프랑스의 로즈 제독은 함대를 이끌고 조선을 침략했다. 프랑스 함대는 본격적인 공세에 앞서 정찰선을 파견하는데 그 정찰선이 한강 깊숙이까지 올라왔다. 양화진을 넘어 서강까지 침범하고 돌아간 것이다.

이 소식을 들은 대원군은 격분했다. 그러면서 '사악한 서양 세력의 흔적들을 천주교도들의 피로 씻어내겠다'라며 잠두봉에 새로운 처형지를 만들었다. 그렇게 하여 뽕나무들이 우거졌던 잠두봉은 머리가 떨어져 나간다는 뜻의 절두산으로 이름이 바뀌었다.

약 150년 전, 그렇게 절두산은 수천 명 천주교인의 목이 잘려 나간 비극의 땅이었다. 또한 흥선대원군이 세운 척화비가 감시견처럼 서 있던 곳이었다. 하지만 시간은 강물처럼 끊임없이 흘러갔다. 그 흐름은 흥선대원

절두산 성지 안에 있는 척화비

군도 어쩌지를 못했다. 현재 흥선대원군이 세운 척화비는 절두산 한쪽에 꿔다 놓은 보릿자루마냥 껑뚱하게 서 있지만, 절두산은 이제 우리 천주교에서 가장 중시하는 성지 중의 성지가 됐다.

서양제국주의 세력에 대한 흥선대원군의 반대는 어느 정도 수긍이 가지만 사람들의 피로 그 흔적을 닦아낸다는 것에는 동의할 수 없다. 무슨 공포영화를 찍는 것도 아니고 사람 피로 무엇을 닦는다는 말인가?

한편 병인양요에 대해서 프랑스인들은 어떻게 생각할까, 라는 의문이 들었다. 더불어 그 콧대 높은 프랑스 함대가 왜 다시 조선을 침공하지 않았을까 하는 의구심도 들었다. 시대사적인 유추를 해보았다. 당시 프랑스는 나폴레옹 3세의 통치기였다. 그 시절 전 유럽은 신흥강국으로 발돋움한 프로이센에 대해 촉각을 세우고 있었다. 그중 프랑스는 가장 민감하게 반응한 나라 중 하나였다. 아니나 다를까 몇 년 후 프랑스와 프로이센 간에는 전쟁이 벌어졌고, 그 파장으로 독일 지방은 통일된 국가를 이루게 됐다. 즉 1866년경, 프랑스는 동방의 조선에 물리력을 집중할 여력이 없었다.

숨어 있는 진주, 여의도 샛강생태공원

여의도 샛강생태공원으로 발걸음을 옮겼다. 샛강은 여의도 남쪽과 영등포구 신길동 쪽을 흐르는 작은 강으로 한강의 지류다. 그곳에 샛강생태공원이 조성되어 있다. 샛강생태공원은 1997년 9월경에 우리나라 최초로 조성된 생태공원이다.

샛강생태공원이 무슨 대단한 절경을 품고 있는 건 아니다. 하지만 샛강은 상당히 매력적인 공간이다. 여의도의 고층건물과 습지가 서로의 배경이 되어주기 때문이다. 여의도라는 서울에서도 알아주는 빌딩지대에서 샛강생태공원이라는 녹지 공간이 있다는 것은 참 고마운 일이다.

샛강생태공원에는 여의도와 1호선 신길역을 연결하는 샛강다리가 세워져 있다. 샛강다리는 항해하는 돛단배를 형상화했는데 S라인, 곡선미가 두드러진다. 샛강의 푸른 수목들과 그 뒤에 우뚝 솟아 있는 여의도의 빌딩들이 샛강다리와 서로 어우러져 무척 이국적인 분위기를 나타낸다. 그래서인지 이 샛강다리는 광고나 영상 촬영 장소로 큰 사랑을 받고 있다.

자, 이제 마지막 탐방지인 한강철교를 보러 가자. 철길을 걷는 게 아니라 63빌딩 앞에서 한강철교를 바라보는 것이다.

끊어진 다리

"그게 정말이에요? 저 한강대교가 폭파됐다고요? 그게 언젠데요?"

수강생 중 한 명이 놀란 듯 큰 목소리로 필자에게 물었다.

"한국전쟁 때였습니다. 그런데 문제는 끊은 주체가 인민군이 아닌 우리 국군이었다는 점입니다. 인민군의 남하를 막겠다고 다리를 폭파한 거죠. 전쟁 때는 일부러 시설물을 파괴해서 적군의 행군 속도를 늦추기도 합니다. 하지만 한강대교 폭파는 문제가 아주 많았어요. 다리 절단으로 엄청난 피해가 발생했기 때문이죠."

생각보다 한강철교와 한강대교에 대한 이야기를 알고 있는 수강생들이 많지 않았다. 한강철교는 1900년에 일제에 의해 건설됐고, 그 옆에 있는 한강대교는 1917년에 건설됐다. 한강인도교라고도 불렸던 한강대교는 한강철교가 건설되고 남은 자재들로 건설이 됐다. 이런 기본적인 스토리들을 이야기한 후 한강대교 폭파에 관한 이야기를 이어갔다.

"사전 예고 없이 폭파돼 당시 다리를 건너던 피난민들이 많이 죽었어요. 수백 명의 사람이 죽고, 다치고, 물에 빠져버렸습니다. 더 황당한 일은 다리가 끊기기 몇 시간 전까지, 수도 서울을 사수하겠다는 이승만 대통령의 힘찬 목소리가 계속해서 흘러나왔다는 겁니다."

"그럼 대통령이 서울에 남아 있었는데 다리를 끊었다는 건가요?"

"아닙니다. 당시 이승만 대통령은 서울에 없었어요. 이승만 대통령을 비롯한 정권 수뇌부들은 멀리 대전까지 피난을 간 상태였습니다. 미리 녹음했던 음성으로 계속 돌려댔던 거죠. 그래서 실제로 그 방송 내용을 믿고 피난을 안 간 사람도 있었다고 하네요. 웃기는 거죠. 자신들만 살겠다고 도망을 간 건 그렇다 쳐도 왜 거짓말을 합니까? 서울에 있지도 않으면서 서울에 있다고 구라 쳐서 국민들을 바보로 만들고…."

이 부분까지 언급하면 주변의 공기는 아주 무거워서 착 가라앉아 있었다. 전쟁이 일어난 것도 두려운데 피난민들이 떠밀려가던 다리를 국군이 폭파를 시켰다니! 수강생들, 특히 청년 수강생들에게는 충격으로 다가왔을 것이다. 어떤 수강생은 너무 충격이었는지 필자의 얼굴을 빤히 쳐다볼 정도였다. 너무 쳐다보기에 민망할 정도였다.

한강 역사트레킹을 행할 때마다 이런 피드백으로 받았다. 한국전쟁 이후 우리의 경제발전을 '한강의 기적'이라는 표현하며 칭송했지만 정작 한강에 대해서는 잘 모르는 부분이 많은 것도 사실이다.

너무나 많은 변화를 겪었던 한강

혹시 산태극과 수태극이라는 말을 들어보셨는가? 산태극과 수태극은 풍수리지에서 길지의 요건으로 꼽히는데 산줄기와 물줄기가 서로 어울려 태극 문양을 나타내는 것을 뜻한다. 청계천이 서울의 내수구였다면, 한강은 서울의 외수구였다. 내사산이 산태극이라면 내수구·외수구가 수태극이다.

조선이 한양으로 천도를 한 건 그곳이 길지였기 때문이다. 그래서 서울에도 당연히 산태극과 수태극이 있었다. 물론 한양으로 천도를 한 것이 풍수지리 때문만은 아니었다. 수상교통로서 한강의 가치가 매우 컸으므로 천도가 가능했다고 볼 수 있다.

산태극이었던 내사산이 많은 변화를 겪은 것처럼 수태극도 큰 변화를 겪게 됐다. 사람들의 머릿속에 풍수지리가 희미해지고 대신 부동산 신화가 폭발적으로 늘어났을 때 더욱더 큰 변화를 겪게 된다. 한강은 많은 아픔을 겪어야 했다. 한강은 사람들과 멀어지게 됐다.

세상이 변한 만큼 한강도 변했다. 수도 서울에 있는 강이니 변할 수밖에 없는 운명이었을 것이다. 하지만 변하지 않은 것도 있었다. 무엇이야? 한강과 서울 사람들과의 관계다. 그 둘은 서로 떼려야 뗄 수 없는 관계다. 한강이 있기에 서울이 있다.

샛강생태공원

한강 역사트레킹

1. 코스: 선유도공원 ···▶ 양화대교 ···▶ 샛강생태공원 ···▶ 한강철교앞(63빌딩)

2. 이동거리: 약 8km

3. 예상시간: 약 3시간 30분(쉬는 시간 포함)

4. 난이도: 하

5. In: 지하철 2, 9호선 당산역 4번 출구 / Out: 63빌딩

　☞ 63빌딩에서 지하철 5호선 여의나루역을 이용하여 귀가할 수 있음

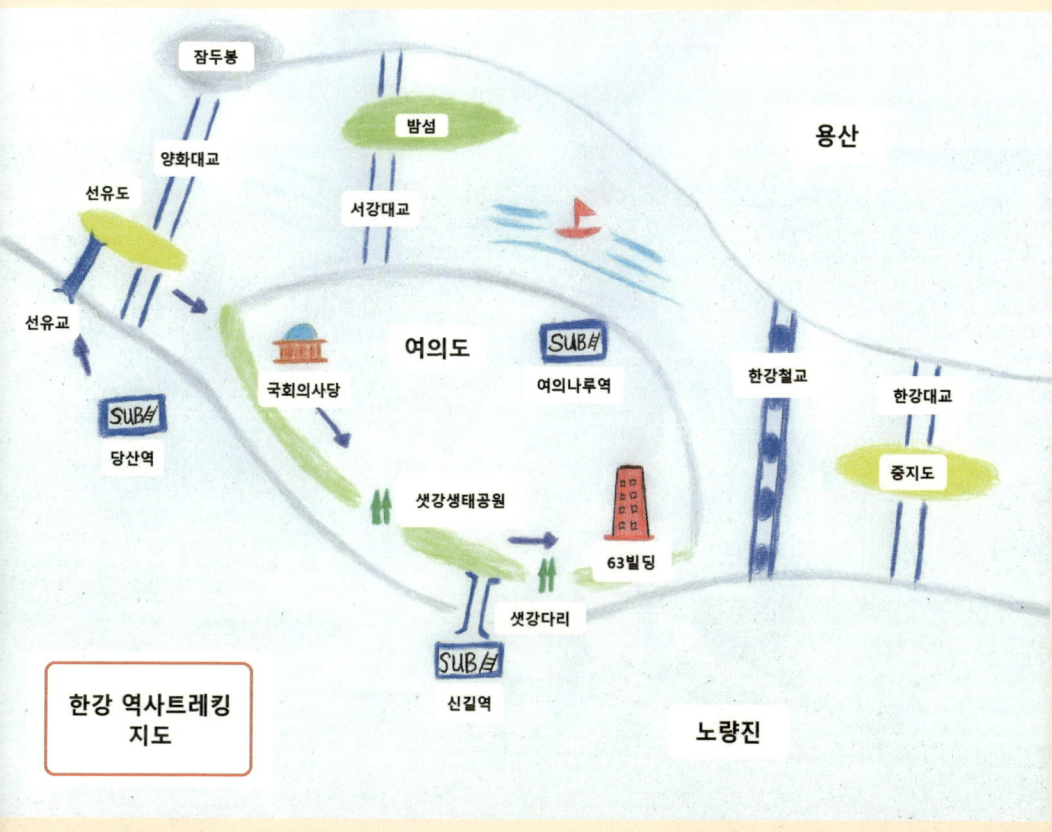

13

그 종소리를 들으며 합장하고 싶다
화계사 역사트레킹

원래 화계사는 고려 광종 때 창건된 보덕암이 그 시초였다. 이후 1522년에 지금의 자리로 옮기며 이름을 화계사로 고쳐 불렀다. 화계사는 조선 후기에 크게 그 사세를 확장하게 됐는데, 그 시점이 흥선대원군의 집권기였다. 이후 궁(宮) 절이라고 불릴 만큼 왕실과 밀접한 관계를 맺는데 지금 남아 있는 대웅전, 명부전, 대방 등이 모두 19세기 후반에 중건되거나 만들어진 것이다.

 역사트레킹을 하다 보니 자연스럽게 사찰 탐방을 많이 한다. 서울 인근에도 꽤 이름난 사찰들이 많은데 그곳들은 풍부한 이야깃거리는 물론 수려한 자연경관까지 품고 있어 역사트레킹을 하기에 딱 맞다. 이번에 탐방할 곳도 그런 귀한 사찰이다.

북한산 동쪽의 명찰, 화계사

 화계사(華溪寺)는 북한산 동쪽에 있는 명찰이다. 경내가 넓지는 않지만 많은 문화재를 보유하고 있고 주위 풍광이 수려하여 많은 이들의 발걸음을 모으는 곳이다.
 원래 화계사는 고려 광종 때 창건된 보덕암이 그 시초였다. 이후 1522년에 지금의 자리로 옮기며 이름을 화계사로 고쳐 불렀다. 화계사는 조선 후기에 크게 그 사세를 확장하게 됐는데, 그 시점이 흥선대원군의 집권기였다. 이후 궁(宮) 절이라고 불릴 만큼 왕실과 밀접한 관계를 맺는데 지금 남아 있는 대웅전, 명부전, 대방 등이 모두 19세기 후반에 중건되거나 만들어진 것이다.
 흥선대원군 이하응은 명부전 편액을 쓰는 등 화계사 곳곳에 그 흔적을 남겼다. 화계사 경내에는 까마귀가 돌을 쪼아서 물이 나오게 했다는 오탁천(烏啄泉)이라는 샘물이 있다. 흥선대원군은 이 샘물에서 피부병을 치료했다고 한다.

화계사 목어. 천년이 넘는 세월을 견디느라 많이 삭았다. 얼핏보면 무슨 외계인같다. 못 먹어서 바싹 마른…

화계사 대웅전. 오른쪽 건물이 명부전이다.

번잡한 화계사 범종루

일주문을 지나 도로를 따라 올라가면 큰 느티나무가 보이고, 그 옆으로 주차장이 있다. 주차된 차들 위쪽으로 범종루가 있는데 이곳이 화계사 탐방의 첫 번째 포인트다. 참고로 범종이 단층으로 이루어진 곳은 범종각(梵鐘閣)이고, 2층의 누각 형식으로 된 곳은 범종루(梵鐘樓)라고 부른다.

이곳의 범종루는 다른 사찰의 범종각이나 범종루보다 좀 더 번잡하게 보인다. 무언가 오밀조밀하게 밀집되어 있다는 느낌이 든다. 이 번잡함을 이해하려면 먼저 불구사물(佛具四物)에 대해서 알아야 한다. 불구사물은 범종각이나 범종루에 있는 '범종', '법고', '운판', '목어' 네 가지를 지칭한다. 법고는 북이고, 범종은 종이라 누구나 다 그 쓰임새를 알고 있다.

그렇다면 운판과 목어는 무엇일까? 먼저 대판(大版)이라고도 불리는 운판을 알아보자. 운판(雲版)은 구름 운(雲) 자에서 보듯 구름을 형상화하여 만든 것이다. 청동이나 철로 만든 평판인데 두드리면 맑고 은은한

소리가 난다. 목어(木魚)는 어고(魚鼓) 또는 어판(魚板)으로도 불리는데 나무로 만든 물고기의 배를 파내고 그 부분을 두들겨서 소리를 낸다. 처음에는 그냥 물고기 형태가 많았다. 하지만 이후에는 몸은 물고기지만 머리는 용의 형상을 한 용두어신 형태가 대세로 자리를 잡아갔다.

통상적으로 불구사물은 각각 하나씩 있다. 하지만 화계사 범종루에는 범종이 두 개가 있고, 목어도 두 개가 있다. 그래서 트레킹팀에게 항상 숙제를 내준다.

"자 눈을 크게 뜨고, 범종 두 개와 목어 두 개를 찾아보세요! 특히 범종은 보물이에요."

화계사 범종. 사인비구가 만든 보물 동종은 어느 것일까? 큰 종일까? 아니다. 2층에 걸려 있는 작은 종이다.

2층에 걸려 있는 사인비구의 동종

화계사 범종을 제작한 이는 사인비구(思印比丘)였다. 주종장이었던 사인비구는 조선 후기 숙종 시대에 경기도와 경상도 지역에서 활발하게 활동한 승려였다. 그의 실력이 뛰어나서인지 그가 제작한 동종 여덟 개가 보물로 지정되었다. 원래는 강화 동종만 1963년에 지정됐는데 이후 2000년에 나머지 일곱 개가 일괄 지정되어 총 여덟 개가 됐다. 그중 화계사 동종은 원래 경상북도 풍기(지금의 영주시) 희방사에 있었다. 그러다 고종 때 이곳 화계사로 옮겨진다.

화계사 동종은 무게가 300근으로 무게도 덜 나가고 크기도 작다. 1근이 0.6kg이니 300근이면 180kg 정도가 된다. 기계적으로 비교하기에 무리가 있지만, 에밀레종(성덕대왕신종)이 19톤이니 크기가 크지 않다는 것을 단번에 알 수 있다. 화계사 동종은 범종루 2층에 걸려 있고 지금은 타종하지 않는다. 대신 이후에 제작된 크기가 큰 범종을 타종한다. 2층에 있고, 크기도 작아서인지 사인비구의 동종을 단번에 찾지 못하는 사람이 많았다.

목어도 좀처럼 단번에 두 개를 다 확실하게 알아채는 사람이 많지 않다. 목어 중 하나가 삭아서 으스러질 거 같은 형태로 걸려 있기 때문이다. 으스러질 거 같은 나무 덩어리가 걸려 있어 그것이 목어인지 아닌지 분간하기도 어려울 정도다.

"저거는 도대체 왜 저렇게 팍 삭았어요? 누가 일부러 썩은 나무라도 걸어놨어요?"

"저 목어가 천년을 버틴 목어라서 그래요. 화계사의 시초가 고려 광종 때 만든 보덕암이거든요. 그러니 저 나무토막은 천년을 버틴 거예요."

화계사 범종루에 걸린 불구사물에 대해서 길게 이야기를 해봤다. 사인비구께서 제작한 종을 타종하면 무슨 소리가 날까? 그 소리가 북한산 곳곳으로 퍼져 나가겠지. 그 종소리를 들으며 합장하고 싶은데 그럴 기회가 올지는 모르겠다.

꼭 가봐야 하는 화계사 명부전

　화계사를 빠져나오기 전에 꼭 명부전에 들러보자. 명부전은 저승세계인 유명계의 교주 지장보살께서 계신 곳이다. 지장보살은 그린톤으로 염색한 것처럼 녹색 민머리를 드러낸다. 그래서 보관을 쓴 다른 보살들과는 확연히 구분된다. 지장보살 옆에는 도명존자와 무독귀왕이 좌우로 협시한다. 그 밖에도 사후세계에서 인간들의 죄의 경중을 심판하는 시왕(十王)이 있는데 우리가 잘 아는 염라대왕도 바로 그 시왕 중에 하나다. 열 명의 왕 중에 다섯 번째 왕이다. 영화 《신과 함께》를 봤다면 지옥을 관장하는 열 명의 왕들이 눈에 그려질 것이다.
　화계사 명부전이 이목을 끄는 것은 흥선대원군이 쓴 현판 때문만은 아니다. 그 안에 봉안된 불상과 시왕상이 더 주목받는다. 불상과 시왕상이 고려 말에 활동한 나옹화상이 조각한 것이기 때문이다. 나옹화상이 누구인가? 바로 그 유명한 무학대사의 스승이다. 고려 말에, 그것도 나옹화상이 제작한 불상과 시왕상이 있으니 화계사 명부전을 빼놓고 간다는 것은 있을 수 없다.

홀로 깨달은 나반존자

　이제 화계사 경내를 빠져나와 숲길로 발걸음을 옮긴다. 이곳은 북한산 둘레길 3코스인 흰구름길 구간에 속한다. 트레킹팀은 둘레길을 따라가지 않고 산 위쪽으로 올라간다. 인적이 드문 오솔길을 따라 구불구불 올라가는 재미가 있다. 그렇게 한참 올라가다 보면 갑자기 차도가 나온다. 산길을 열심히 올라왔는데 갑자기 차도가 나와 좀 당혹스러울 수도 있다. 그렇게 다음 탐방지인 삼성암에 당도하게 된다.

삼성암 일주문. 현판에 삼각산 삼성사라고 적혀 있다. 북한산이 바로 삼각산이다.

　북한산 칼바위능선 아래에 자리 잡은 삼성암은 나반존자를 위해 지어진 사찰이다. 나반존자는 독성수(獨聖修) 또는 독성존자(獨聖尊者)라는 이름으로도 불리는데, 소승불교에서 중시되는 인물로 홀로 깨달음을 얻은 분이다. 우리 사찰에서 나반존자는 독성각에 모시지만, 중국과 일본에서는 독립된 신앙으로 받아들여지지 않는다. 같은 대승불교인데도 나반존자를 바라보는 시각이 한국과 중국, 일본이 서로 차이가 난다고 볼 수 있다.
　나반존자는 중국이나 일본 불교에서는 이름 자체가 등장하지 않는다. 실제로 불경에도 그 이름이 없고, 부처님 제자 중에도 그런 인물이 없다. 그렇다면 왜 유독 우리 불교에서만 나반존자가 등장할까? 이와 관련하여 나반존자가 단군을 모시는 우리 고유 민족신앙에서 유래했다는 설이 있다. 단군신앙을 나반존자에 대한 신앙으로 연결하려고 한 것이다. 물론 이 설에 대한 반론도 있다. 너무 늦게 신앙화됐다는 것이다. 독성각이 본격적으로 지어진 시기는 조선 후기인데 단군신앙은 4,000년이 넘고, 불교가 우리나라에 들어온 지도 1,700년 정도 된다. 단군이 나반존자라면 조선 후기가 아닌 훨씬 그 이전 시기에 불교 신앙의 대상이 됐을 것이다. 시기상으로 너무 늦었다.

삼성암 독성각. 다른 계절도 좋지만 가을에 가면 더 좋다. 조용히 기도 올리기에도 좋다.

어쨌든 나반존자를 모시는 독성 신앙은 우리 불교의 고유한 면이다. 우리 불교에서만 존재하는 것이니 더 소중하게 다가온다. 삼성암은 이런 독성 기도 도량으로서 매우 중시되는 곳이다. 삼성암 말고도 경북 청도에 있는 운문사의 부속암자 사리암이 나반존자 기도도량으로 유명하다.

불교에 녹아든 우리의 고유 신앙

독성각 말고도 칠성각과 산신각은 우리 불교에만 있는 전각이다. 칠성각은 수명의 신인 칠성신을 모신 곳이고, 산신각은 산신령을 모신 곳이다. 이들 전각이 독성각, 칠성각, 산신각으로 따로따로 세 개의 독립 건물로 존재할 수도 있다. 하지만 이 세 곳이 하나로 뭉쳐지기도 한다. 그러면 삼성각(三聖閣)이 된다. 그래서 삼성각은 독성, 칠성, 산신 신앙이 함께 공존한다. 복잡하다. 그래서 트레킹팀에게 이렇게 설명한다.

"독성각, 칠성각, 산신각 이 세 개는 우리 불교에만 있는 것이죠. 우리 민족신앙이 불교에 흡수되면서 이런 형태로 나타났어요. 그런데 그 전각을 하나로 뭉쳐놓으면 삼성각이 됩니다."
"무슨 소리예요?"

사실 해설하는 필자도 머리가 복잡하다. 그래서 매우 단순한 방법으로 설명했다.

"독성각, 칠성각, 산신각, 이 세 건물을 삼성각 하나로 퉁칩니다!"

나반존자와 독성신앙, 불교에 흡수된 민족신앙…. 풀어내야 할 것이 많아 머리가 복잡하다. 하지만 정작 삼성암에 들어서면 마음이 차분해진다. 삼성암이 칼바위 능선 쪽에 있다 보니 주위 풍광을 둘러볼 수 있는데 아래쪽 화계사에서 바라보는 풍광하고는 또 다른 멋이 난다. 독성각을 탐방하는 것도 잊지 말자. 삼성암에 왔으니 당연히 독성각에 가봐야 한다.

생각해보니 화계사 역사트레킹을 행할 때는 항상 가을이었다. 알록달록한 단풍들이 바람을 타고 경내에 흩날릴 때의 모습들이 그려진다. 그런 산사의 풍광들이 우리들의 마음을 고즈넉하게 만든다. 그런 감흥에 취하다 보면 불자가 아니더라도 자연스럽게 두 손을 모아 합장을 할 것이다.

숲속의 숲이라 불릴 수 있는 북한산 생태숲 탐방을 끝으로 화계사 역사트레킹은 종료된다. 북한산 생태숲은 워낙 울창하고 정비가 잘 돼서 그런지 놓치면 너무 아쉬운 곳이다. 이 숲만 딱 찍고 가도 좋을 정도로 숲길이 인상적이다.

이번 편은 생소한 불교 용어들이 많이 언급되어 머리가 복잡해지는 느낌이다. 하지만 이렇게 불교에 대해서 알아보는 것도 필요하다고 본다. 이런 것도 재미가 아니겠는가!

화계사 역사트레킹

1. 코스: 화계사 ⋯▶ 삼성암 ⋯▶ 빨랫골 ⋯▶ 북한산생태숲

2. 이동거리: 약 8km

3. 예상시간: 약 3시간 30분(쉬는 시간 포함)

4. 난이도: 중

5. IN: 경전철 우이신설선 화계역 2번 출구 / OUT: 북한산 생태숲

　☞ 북한산 생태숲 인근에 버스 종점이 있음. 그곳에서 버스를 타면 경전철 우이신설선 솔샘역으로 이동할 수 있음

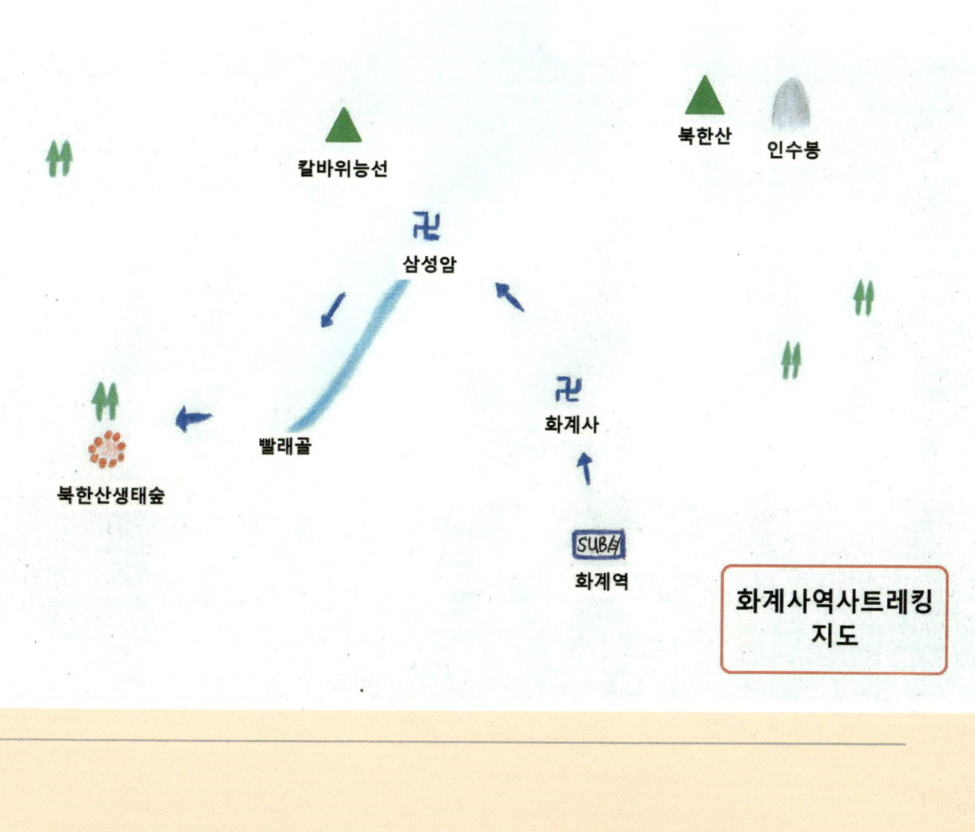

14

여러분 행복하세요?

태릉 역사트레킹

태릉 역사트레킹은 철길을 걸으며 시작한다. 지금은 폐선이 된 경춘선 옛 철길을 걸으며 시작하는데, 약 5분 정도 걷다 보면 옛 화랑대역에 도착할 수 있다. 서울시 노원구 공릉동에 자리 잡은 이곳은 거대도시 서울과는 어울리지 않게 작고 아담한 간이역이다.

간단한 퀴즈로 시작해본다.

"태릉선수촌을 모르시는 분?"

없을 것이다. 두 번째 문제.

"그럼 태릉이 뭐 하는 곳인지 아시는 분?"

문제를 못 맞히는 사람도 있을 것이다.

"태릉 옆에 강릉도 있는데 강릉은 뭐 하는 곳인지 아시는 분?"

일단 죄송하다. 독자들의 머리를 아프게 할 생각은 없었다. 그렇다고 책은 덮지 마시라. 정답은 아셔야 할 것 아닌가.

화랑대철도공원

커피 한잔이 어울리는 간이역, 옛 화랑대역

태릉 역사트레킹은 철길을 걸으며 시작한다. 지금은 폐선이 된 경춘선 옛 철길을 걸으며 시작하는데, 약 5분 정도 걷다 보면 옛 화랑대역에 도착할 수 있다. 서울시 노원구 공릉동에 자리 잡은 이곳은 거대도시 서울과는 어울리지 않게 작고 아담한 간이역이다. 가을 낙엽이 질 때는 시집 한 권을 들고 서성이는 여인의 뒷모습이 그려지는 그런 곳이다.

화랑대역은 1939년에 개통된 경춘선의 한 역으로 상업운영을 시작한다. 하지만 처음 역이 들어섰을 때는 화랑대역이 아닌 태릉역이었다. 그러다 1958년 화랑대역으로 이름이 바뀐다. 바로 옆에 있는 육군사관학교의 영향을 받아서 그렇게 역명이 변경된 것이다. 육군사관학교의 별칭이 화랑대다.

목조건물로 약 80년의 세월을 거친 옛 화랑대역은 좀 특이한 외형을 가지고 있다. 좌우가 다른 비대칭 삼각형 형태의 지붕이 바로 그것이다. 정면에서 봤을 때 왼쪽보다 오른쪽이 더 길게 내려왔다. 일반적인 목조

간이역은 책을 뒤집어 놓은 박공지붕 형태를 취한다. 맞배지붕이라고도 불리는 박공지붕은 좌우가 균형을 이루는 것이 보통이나 옛 화랑대역은 오른쪽이 쭈욱 더 내려와 있는 것이다. 건축용어로는 이

*옛 화랑대역. 지붕이 비대칭이다.

어내림지붕이라고 말한다. 이런 독특한 모양을 갖춘 옛 화랑대역은 2006년에 국가등록문화재로 지정된다.

2010년 경춘선은 복선화됐고, 옛 화랑대역은 더 이상 기차가 달리지 않는 역이 된다. 경춘선이 직선화되면서 옛 화랑대를 비켜 갔기 때문이다. 폐역이 된 것이다. 하지만 화랑대역이라는 명칭이 아직도 있다고 말하는 사람도 있을 것이다. 그건 지난 2000년에 개통된 지하철 6호선 화랑대역이다. 경춘선과 지하철 6호선은 다른 노선이다.

기차가 달리지 않자 사람들의 발걸음도 끊겼다. 그러다 다시 옛 화랑대역을 사람들이 찾게 된다. 2018년에 철도테마공원인 화랑대 철도공원이 들어섰기 때문이다. 세계 각국의 기차들이 선로에서 사람들을 반기고 있다. 이곳을 방문한 사람들은 청춘의 시절로 돌아간 듯 기차를 배경으로 열심히 사진을 찍는다. 모두 다 행복한 표정이다. 달리지 못하는 그저 전시된 기차지만 이미 그들은 그 기차를 타고 춘천으로 떠난 것 같았다. 필자는 답을 알고 있었다. 그래도 물어봤다.

"여러분 행복하세요?"

"네! 당연하죠!"

이제 트레킹팀은 경춘선 옛 철길을 따라 태릉으로 향한다. 옛 화랑대역에서 태릉까지는 화랑천이라고도 불리는 묵동1천을 따라 걷는다. 작은 하천이지만 물과 함께 걸어서 참 좋은 길이다.

일반적으로 서울에 있는 옛 철길들은 고층 빌딩에 둘러싸여 있는 경우가 대부분이다. 옛 경의선 철길을 생각해보시면 된다. 도심지가 확장되니 기존에 있던 지상 철길 구간은 지하화되고, 나중에는 공원으로 꾸며진다. 그래서 기차처럼 길쭉한 형태의 공원이 들어서는 것이다. 그런 철길 공원은 도심지에 폐철로가 있다는 점 이외에는 다른 공원들과 차이점이 별로 없다. 소음과 인파들 때문에 걷는 맛도 덜하다.

하지만 화랑천을 끼고 걷는 옛 경춘선 철길 구간은 고독을 씹으며 걸을 수 있을 정도로 걷기에 안성맞춤인 곳이다. 소음도 별로 들리지 않고 사람들도 그리 많지 않다. 그렇게 호젓하게 걷다 보면 태릉에 도착한다.

태릉을 알려면 중종 시대를 알아야 한다

태릉이 뭐 하는 곳인지 몰라도 태릉선수촌을 모르는 사람은 별로 없을 것이다. 하지만 태릉은 1565년에 들어섰고, 선수촌은 1966년에 개촌했으니 무려 400년이나 앞서 능이 조성된 것이다. 그래서 태릉(泰陵)이 뭐 하는 곳인지 모른다고 하면 문정왕후(文定王后)가 크게 노여워할지 모른다. 그렇다. 태릉에는 중종의 두 번째 계비인 문정왕후께서 잠들어 계신다.

태릉에 들어서기 전에 입간판을 먼저 살펴보자. 태강릉이라고 적혀 있다. 태릉에 왔는데 강릉? 강원도 강릉? 아니다. 강릉(康陵)은 문정왕후의 아들인 명종과 그의 부인 인순왕후가 묻힌 곳이다. 이로써 앞서 제시한 퀴즈들의 답이 얼추 언급됐다. 퀴즈를 풀었다고 여기서 책을 덮으시면 섭섭하다. 이제부터 이야기가 시작되는데….

태릉에 들어서면 으리으리한 그 넓이에 혀를 내두를 것이다. 불암산 남쪽에 위치한 태릉은 단일 능이라고 보기 어려울 정도로 큰 규모를 자랑한다. 으리으리한 능역을 통해서 주인인 문정왕후의 위세를 실감할 수 있다.

윤지임의 딸인 문정왕후는 열일곱의 나이인 1517년(중종 12)에 중종의 셋째 부인이 된다. 1515년에 중종의 제1계비인 장경왕후가 왕자를 낳은 후 산후통증으로 죽음을 맞이하였기 때문이다. 장경왕후가 낳은 왕자는 이후 인종이 된다. 남한산성에서 굴욕을 당한 인조 말고 인종.

좀 어렵다. 이 부분에서 교통정리 좀 들어간다. 일단 용어 정리부터. 문정왕후는 제2계비, 장경왕후는 제1계비라고 했는데 그럼 계비의 정확한 뜻은 무엇인가? 계비(繼妃)는 '임금이 다시 장가가서 얻은 부인'이다. 새어머니를 계모라고 부르듯이 왕의 새로운 부인을 계비라고 부른다.

그럼 중종은 문정왕후, 장경왕후 이전에도 부인이 있었다는 뜻이다. 실제로 있었다. 단경왕후가 바로 중종의 첫 번째 부인이다. 중종이 조강지처라고 칭할 정도로 중종과 단경왕후는 금실이 좋았다. 하지만 단경왕후의 아버지인 신수근이 연산군의 매부였기에 중종반정 세력들은 단경왕후를 폐서인으로 만들어 궁궐에서 쫓아냈다. 신하들에 의해 왕으로 세워진 중종이었기에 그렇게 자신의 조강지처를 떠나보내야 했다. 이후 단경왕후는 평생 중종만을 그리워하다 삶을 마감한다. 경복궁 옆에 있는 인왕산에는 단경왕후가 치마를 흔들며 중종을 그리워했다는 치마바위가 있다.

단경왕후(1739년 복위) - 장경왕후 - 문정왕후

중종의 여인들이 이들뿐이겠는가. 오죽했으면 《여인천하》라는 사극까지 있었을까.

문정왕후는 중종 옆에 묻히지 못했다

다시 태릉 이야기. 앞서도 언급했지만 태릉의 능역은 크지만 단릉이다. 문정왕후 홀로 잠들어 계신다. 아들인 명종 재위 시절 약 20년 동안 큰 권력을 휘두른 문정왕후가 아닌가? 그렇다면 지아비인 중종 곁에 묻혀 있는 것이 맞지 않나?

문정왕후가 경원대군을 생산했을 때는 1534년이었다. 입궁한 지 무려 17년 만에 왕자를 출산한 것인데 30대 후반인 나이에 낳았으니 그때 당시의 기준으로는 노산이었다. 그렇게 학수고대하던 왕자를 생산했음에도 문정왕후의 앞길은 순탄하지만은 않았다. 이미 세자가 있었던 것이다. 그 세자는 앞서 언급한 장경왕후가 낳은 인종이었다.

왕통을 이을 세자가 있는 마당에 중전의 몸에서 또 다른 적자(嫡子)가 탄생했다는 건 왕위계승과 관련하여 정쟁의 소용돌이가 발생할 수도 있는 사안이다. 인조반정의 원인이 되었던 광해군의 인목대비 유폐와 영창대군 사사를 생각해보시라.

1544년 문정왕후의 지아비인 중종이 숨을 거둔다. 왕위는 인종이 이었다. 그런데 재위 9개월 만에 인종이 죽음을 맞이한다. 이를 두고 문정왕후가 자기 아들인 경원대군을 왕으로 삼으려고 인종을 독살했다는 야사도 떠돈다. 어쨌든 경원대군이 1545년 왕위를 이어받아 조선 제13대 왕, 명종으로 등극한다. 이때 그의 나이 열두 살이었다. 그러니 실제적으로 권력은 누가 휘둘렀을까?

태릉 정자각

태강릉 연결숲길

중종은 죽고 나서 장경왕후와 함께 고양 서삼릉에 묻혔다. 그러다 1562년(명종 17) 지금의 자리가 길지라 하여 천장(遷葬)된다. 아버지 성종이 묻힌 선릉(宣陵, 강남구 삼성동) 옆으로 옮겨온 것이다. 사후에 자신의 지아비인 중종 옆에 묻히고자 문정왕후가 그렇게 한 것이다. 그곳이 정릉(靖陵)이다. 둘을 합쳐 선정릉이라고 부른다.

성북구에도 정릉(貞陵)이 있는데 그곳에는 태조 이성계의 둘째 부인인 신덕왕후가 잠들어 계신다. 정릉동이라는 행정구역 명칭이 있어서 그런지 선정릉의 정릉보다는 성북구의 정릉이 훨씬 더 유명하다.

그렇게 공을 들였지만, 문정왕후는 지아비와 함께 묻히지 못한다. 옮긴 중종의 능이 지대가 낮아 여름철에 비가 오면 그 일대가 다 잠겼기 때문이다. 결국 문정왕후는 중종과 멀리 떨어진 불암산 남쪽에 잠들게 된다. 홀로!

태릉과 강릉을 연결하는 숲길을 따라

자, 이제 명종과 그의 비 인순왕후의 능이 있는 강릉을 향해 가보자. 강릉은 태릉과 언덕을 사이에 두고 배치되어 있는데, 그 두 곳을 연결하는 숲길이 참 좋다. 말 그대로 왕릉의 숲이다. 산책로도 잘 정돈되어 있고, 나무들도 잘 가꾸어져 있다. 그냥 걷는 것만으로도 힐링이 되는 숲길이다. 산책로가 시원시원하고 널찍해서 그런지 언뜻 문경새재 길 분위기도 났다.

태릉에 비해 강릉은 무척 단출하다. 능역이 무척 소박하다는 느낌이 들 정도다. 명종은 죽어서까지도 문정왕후의 품에서 못 벗어난 것처럼 보인다. 문정왕후가 1565년에 생을 마감했고, 명종은 1567년에 숨을 거두었다. 명종은 열두 살에 왕위에 올라 22년 간 용상에 앉아 있었지만 실제로 그의 치세 기간은 문정왕후 사후 2년이라고 불릴 정도로 재위 기간 내내 어머니의 치마폭에서 벗어나지 못했다. 자식 사랑도 적당히 해야 한다. 과유불급!

그렇게 태강릉을 탐방한 트레킹팀은 산중 호수인 제명호를 만나게 된다. 제명호는 미국인 선교사가 만든 인공호수인데 불암산 중턱에 있어 산과 물이 어우러진 평화로운 모습을 선사한다. 크지 않은 호수지만 그저 한 바퀴 도는 것만으로도 힐링이 된다. 호수에 비친 불암산 봉우리의 모습이 참 인상적이다.

철도테마공원에서 행복해지고, 태강릉 숲길에서 힐링하고, 제명호 물에 비친 불암산을 바라보고. 아~ 좋다! 태릉 역사트레킹!

강릉의 가을

태릉 역사트레킹

1. 코스: 옛 화랑대역 ···▶ 경춘선철길 ···▶ 태릉 ···▶ 태강릉 연결숲길 ···▶ 강릉 ···▶ 제명호

2. 이동거리: 약 8km

3. 예상시간: 4시간 (휴식시간 포함)

4. 난이도: 하

5. IN: 6호선 화랑대역 / OUT: 삼육대학교

☞ 삼육대학교 앞에서 6호선 화랑대역 방면으로 시내버스를 타고 갈 수 있음

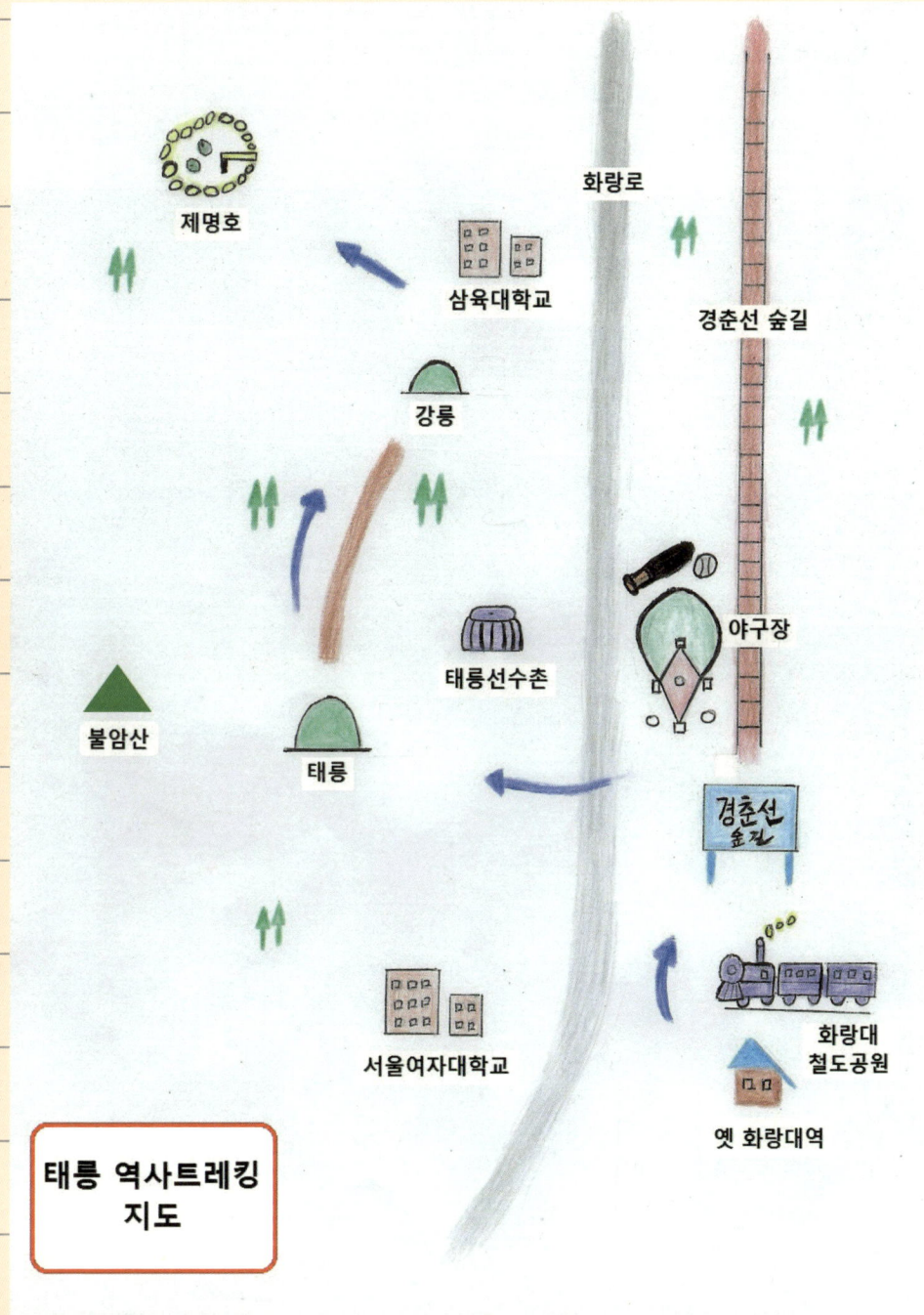

15

막걸리를 못 마시게 해서 그런가?

삼천사 역사트레킹

그러고 보면 이말산은 이름이 참 독특하다. 명칭이 독특해서인지 같은 이름의 산도 없다. 실제로 검색을 해봐도 구파발 이말산이 유일하다. 그럼 이말(莉茉)은 무슨 뜻일까? 재스민을 한자로 풀면 '이말'이라고 한다. 한마디로 이말산은 재스민이 만발한 산이라는 뜻이다.

역사트레킹 리딩을 하다 보면 여러 가지 불만 섞인 지적을 받게 된다. 각양각색의 사람들이 모이다 보니 욕구들도 다양했다. 역사트레킹을 시작하면서 팔자에도 없는 욕을 먹게 될 거라는 건 각오를 했다. 하지만 서로가 충돌하는 욕구들을 쏟아낼 때는 참 난감해진다.

"코스의 물리적 난이도가 너무 높다 혹은 너무 낮다."
"이동 속도가 너무 빠르다 혹은 너무 느리다."
"해설의 수준이 너무 높다 혹은 너무 낮다."
"막걸리를 못 마시게 해서 너무 싫다."

일부 수강생은 엄청난 여행 경력을 가지고 있었다. 엄청난 등산 경력자도 있었다. 그런 베테랑들에게 역사트레킹은 성에 안 찰 수도 있다. 7~8km밖에 되지 않는 구간을 4시간에 걸쳐 이동하니 그분들이 보기에 너무 느린 것이다. 평지 기준으로 보통 성인이 한 시간에 4km 정도를 이동하니 그분들은 2시간 남짓이면 해당 코스를 완주할 수 있는 것이다.

"역사트레킹은 테마를 따라가는 느림보 트레킹입니다. 소걸음 걷듯이 아주 느긋하게 소풍 맞은 아이들처럼 그렇게 재밌게 걸을 겁니다."

삼천사 마애불. 고려 전기 작품

이렇게 사전에 계속 안내하지만 '너무 느리다'라는 불만은 꾸준히 제기됐다. 그런 불만을 제기했던 분들은 다음번 강의에서는 모습을 찾아볼 수 없었다. 물론 그 불만이 다는 아닐 거다. 아무래도 막걸리를 못 마시게 해서 그런가…?

이름도 독특한 이말산

삼천사 역사트레킹은 이말산(莉茉山)에서 시작된다. 이말산은 3호선 구파발역에서 바로 올라갈 수 있는 곳인데, 산이라고 칭하지만 작은 언덕배기에 불과하다. 해발고도가 겨우 132m 정도니까. 구파발역 옆에 있는 통일로를 건너가면 앵봉산으로 갈 수 있는데 앵봉산 남쪽에는 유명한 서오릉이 자리를 잡고 있다. 반대로 구파발역에서 이말산을 계속 타고 가면 북한산 서쪽이 나온다. 즉 이말산은 앵봉산과 북한산의 중간에 있는 작은 산이라는 것이다.

그러고 보면 이말산은 이름이 참 독특하다. 명칭이 독특해서인지 같은 이름의 산도 없다. 실제로 검색을 해봐도 구파발 이말산이 유일하다. 그럼 이말(莉茉)은 무슨 뜻일까? 재스민을 한자로 풀면 '이말'이라고 한다. 한마디로 이말산은 재스민이 만발한 산이라는 뜻이다. 이말산에 재스민이 많이 피는지는 잘 모르겠다. 하지만 이 산에는 무언가가 확실히 많다. 그것이 무엇이냐? 바로 무덤이다.

특히 이말산에는 내시를 비롯한 궁인들의 무덤들이 군집을 이루고 있다. 북한산의 지산인 이말산은 한양도성에서 그리 멀리 떨어져 있지 않지만, 성저십리 밖이라 무덤을 쓸 수 있었다. 성저십리(城底十里)는 도성에서 십리(4km)까지의 거리를 뜻하는데, 성저십리까지는 무덤을 쓰지 못하게 했다. 북한산의 서쪽에 자리 잡은 이말산은 해발이 높지 않은 산이라 무덤을 쓰기에 적당했을 것이다. 더군다나 의주로를 따라 비교적 편하게 당도할 수 있었으니 금상첨화가 아니겠는가. 의주로는 지금의 통일로다.

'삼천사 역사트레킹'은 '진관사 역사트레킹'과 여러 면에서 겹친다. 동쪽과 다른 북한산 서쪽의 이야기, 거기에 잠들어 있는 궁궐 사람들의 이야기…. 실제로 진관사와 삼천사는 북한산 응봉을 사이에 두고 서로 자리를 잡고 있다. 두 사찰 사이의 직선거리가 1km도 안 될 정도로 아주 가깝다. 그러니 '삼천사 역사트레킹'과 '진관사 역사트레킹'을 교차해서 살펴보면 더욱더 좋을 것이다.

죽어서까지 서럽다

거대한 암봉이 우뚝우뚝 서 있는 북한산은 골산(骨山)의 면모를 보인다. 이와 달리 해발 130m 정도의 이말산은 육산(肉山)이라고 할 수 있다. 푸근한 동네 뒷산 같은 이미지와는 달리 현재 이 산의 무덤들은 보살핌을 받지 못하고 있다. 쓰러진 문인석, 뒹굴고 있는 묘비, 잘려 나간 망주석 등등. 자신들의 '씨앗'을 남길 수 없었던, 그래서 후손들을 둘 수 없었던 내시들이었기에 그런 황량함이 더 애절하게 느껴진다. 물론 예전 내시 중에는 양자를 들여 자신의 제사를 받들게 하기도 했다. 하지만 그 양자도 후손을 둘 수 없는 이들이었기에 그 한계가 분명했다.

후손이 없는 무덤은 버려진 것과 다를 바 없다. 봉분은 깎여 나가 평평해지고, 그 주위에 세워둔 석물들은 쓰러진다. 그중 잘생긴 문인석은 누군가의 손에 들려 나가기도 한다. 한마디로 도둑을 맞는 것이다.

이런 사실만으로도 서러운데 더 서러운 일도 있다. 2010년을 전후로 해서 이말산 부근에 대단위 아파트 단지가 들어선다. 유명한 은평뉴타운이 들어선 것이다. 그런데 아파트 입주민들이 이곳에 있는 무덤들을 다른 곳으로 옮기라고 민원을 넣었다. 창문을 열면 바로 무덤들이 보이니 무섭다는 이유 때문이었다.

그런 이유를 이해 못 하는 건 아니다. 하지만 뉴타운보다 무덤이 더 오래됐다. 그 무덤들이 먼저 들어섰고, 몇백 년 후에 아파트가 들어섰다. 뉴타운이 굴러온 돌인 것이다. 그리고 이말산에 있는 궁인들의 무덤은 그 자체로 학술적 가치가 있다.

머리가 잘려 나간 문인석. 주인이 없는 무덤가라 그런지 문인석들도 크게 훼손됐다.

이말산에 주인을 잃은 석물들이 방치되어 있다.

북한산의 고봉들이 반겨주는 삼천사

트레킹팀은 삼천사로 향한다. 삼천사는 661년(문무왕 1)에 원효대사가 창건한 절이다. 이웃한 진관사가 천년고찰이면서 서울의 4대 명찰로 불리지만 창건연대에서는 삼천사에 비할 바가 못 된다. 진관사는 1010년, 고려 현종 때 건립됐으니 삼천사가 그보다 400년이나 앞서 세워진 것이다.

삼천사는 한때 3,000명의 수도자가 불도를 닦았을 정도로 크게 융성했다고 한다. 하지만 수많은 전란을 겪으면서 크게 손상을 입는다. 한국전쟁 때도 크게 불에 타는데 지금의 전각들은 1960년대 이후에 세워진 것들이다. 그때 복원을 하면서 지금의 자리에 터를 잡았다. 원래의 삼천사터는 계곡을 따라 약 30분 정도 올라가야 만날 수 있다.

현재의 삼천사에 들어서면 북한산 서쪽의 고봉들이 시원하게 펼쳐진다. 계곡을 따라 장군봉, 나한봉, 나월봉, 보현봉…. 그렇게 우뚝우뚝 서 있는 고봉들을 보고 있노라면 도심지 빌딩숲에 펼쳐진 인공의 스카이라인이 밋밋하게 여겨진다.

봉우리들을 바라보며 눈을 정화했다면 이제 부처님을 향해 갈 차례다. 삼천사에는 고려시대에 제작된 마애불이 있다. 보물로 지정된 '서울 삼천사지 마애여래입상'을 뵈러 가는 것이다.

고려 전기에는 개성미가 넘치는 석불들이 많이 등장한다. 논산 관촉사 은진미륵, 안동 제비원 석불, 파주 용미리 쌍미륵…. 이 시기 등장한 석불들은 거대한 크기를 자랑하는데 은진미륵 같은 경우는 약 18m에 달할 정도다. 그렇게 어마어마하니 우리나라에서 가장 큰 석불로 자리매김했다. 1등이라는 말이다.

돌장승같이 석불들이 큼직큼직하니 균형미나 비례미는 떨어졌다. 신체 비율에 안 맞게 얼굴을 크게 부각하여 3~4등신으로 만들어진 석불도 있을 정도였다. 이렇게 개성미가 넘치게 된 건 그 당시 정치상황과 연관이 있다. 고려 전기시대에는 호족세력들이 지방에서 위세를 떨쳤는데 그런 사회상황이 석불 제작에도 반영됐다고 할 수 있다.

삼천사. 뒤쪽으로 북한산의 고봉들이 펼쳐져 있다.

같은 고려 전기에 제작됐지만 삼천사 마애불은 다르다

11세기경에 제작됐으니 삼천사 마애불도 고려 전기에 만들어졌다. 하지만 위에서 언급된 고려 전기에 제작된 석불과는 다른 모습을 하고 있다. 세련미와 균형미가 잘 갖추어졌다는 뜻이다. 격식을 파괴한 듯 자유분방한 모습을 보이는 거대한 석불과는 차이가 분명하다는 것이다.

대웅전을 돌아 위쪽으로 올라가면 마애불을 만날 수 있다. 마애불(磨崖佛)은 벼랑 애(崖) 자에서 보듯 바위에 새긴 불상을 말한다. 위에서 언급한 은진미륵 같은 경우는 환조(丸彫) 형식의 석상으로 되어 있다. 좀 어렵다. 학창시절에나 배웠던 미술용어도 나오고, 그보다 더 어려운 한자도 나왔으니까. 트레킹팀도 어려워했다. 그래서 이렇게 설명했다. 해설을 질을 떨어뜨렸다고 하지 마시라. 오죽하면 그랬겠는가!

"마애불은 벽에다 그리는 그래피티라고 생각하시고요, 환조는 이순신 장군 동상 생각하세요. 물론 동상은 금, 은, 동 할 때 그 동으로 만들었어요. 석상은 돌, 그러니까 스톤이고요. 오케이?"

삼천사 마애불. 천 년의 시간이 지났음에도 비교적 잘 보존되었다.

삼천사 마애불은 신체의 비례가 잘 표현됐고, 승각기 등의 법복이 잘 그려졌다. 약 3m 정도인 삼천사 마애불은 양각, 음각, 부조까지 다양한 기법들이 조화롭게 잘 스며들어 있다. 양각과 음각은 아실 것이다. 그럼 부조는? 부조(浮彫)는 돋을새김이라고도 하는데 평면에 형상이 도드라지게 만든 것을 말한다. 삼천사 마애불의 얼굴 부분을 보시면 부조로 잘 조각되어 있음을 알 수 있다.

마애불 앞에는 대리석이 깔린 넓은 공간이 있다. 이곳에서 사람들은 치성을 드린다. 아래로는 삼천사계곡이 흐르고 있는데 다리 형식으로 복개하여 부처님에게 더 가깝게 다가설 수 있게 됐다.

제작된 지 거의 천 년의 시간이 흘렀지만 삼천사 마애불은 별로 마모가 되지 않고 뚜렷하게 자신의 자태를 뽐내고 있다. 석불 좌우에 뚫린 가구공(架構孔)에 당장이라고 목재를 끼워 지붕을 달 수 있을 정도로 가구공도 그 빤듯함을 유지하고 있다.

트레킹팀도 공손하게 합장하고 기원드렸다.

"여러분 무슨 기원을 올리셨나요? 어쨌든 소중한 기원이 잘 성취됐으면 좋겠네요."

글 서두에도 언급했듯이 역사트레킹은 테마를 따라가는 느림보 트레킹이다. 쭉쭉 치고 나가는 걸 좋아하는 사람은 역사트레킹과는 어울리지 않는다. 그런 의미로 삼천사 역사트레킹과 진관사 역사트레킹은 하루에 한꺼번에 하는 것보다 따로따로 하면 좋겠다. 느긋하게 따로따로 하는 게 더 기억에 남을 테니까.

삼천사 역사트레킹

1. 코스: 이말산 ···▶ 진관근린공원 ···▶ 삼천사 ···▶ 삼천사계곡

2. 이동거리: 약 7km

3. 예상시간: 약 3시간 30분(휴식시간 포함)

4. 난이도: 하

5. IN: 지하철 3호선 구파발역 2번 출구 / OUT: 진관한옥마을

　　☞ 삼천사계곡까지 탐방한 후 은평한옥마을에서 버스를 타고 구파발역으로 이동할 수 있음

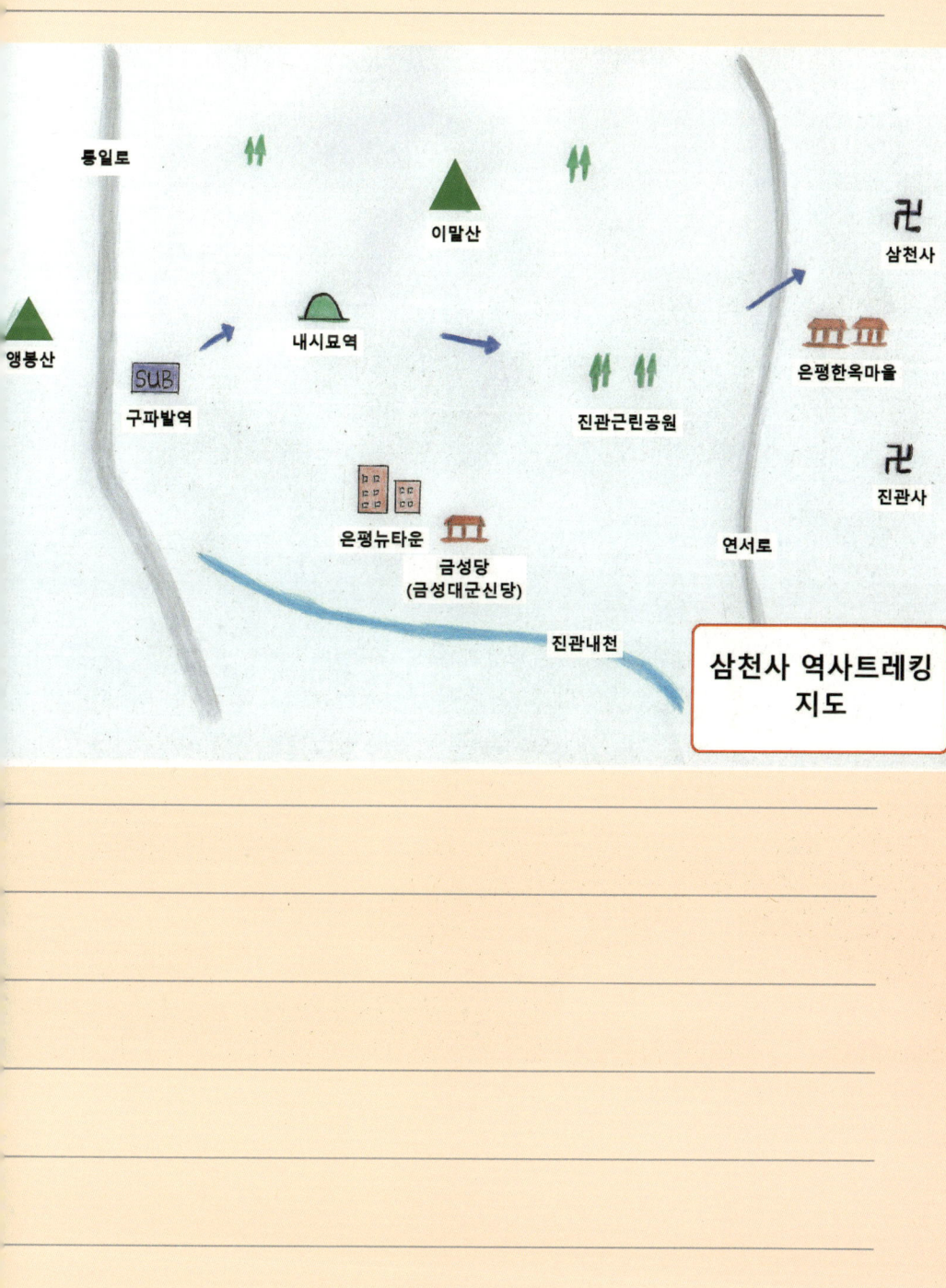

16

권력이 무엇이기에…
정릉 역사트레킹

신덕왕후는 자신의 소생이 왕위에 등극하는 것을 보지 못한 채 1396년(태조 5)에 눈을 감고 만다. 자신이 너무나 사랑했던 신덕왕후가 죽자 이성계는 지금의 서울 중구 정동, 현재의 영국대사관 자리에 능을 조성했다. 또한 흥천사라는 사찰을 지어 그녀의 명복을 빌었다.

역사트레킹을 하다 보면 필연이든 우연이든 역사적 라이벌과 관련된 테마를 언급하게 된다. '낙산 역사트레킹'에서 다룬 무학대사와 정도전, 즉 불교세력 대 유교세력 간의 라이벌 대결이 좋은 예이다.

이번에 소개할 정릉 역사트레킹도 라이벌과 관련이 있다. 누구와 누구가 라이벌일까? 정릉은 태조 이성계의 두 번째 부인인 신덕왕후 강씨의 무덤이다. 일단 한 명은 나왔다. 그럼 나머지 한 사람은 누구? 자, 이야기로 들어가 보자.

이성계의 총애를 받은 신덕왕후

트레킹팀이 첫 번째로 탐방한 곳은 정릉(貞陵)이다. 정릉은 신덕왕후 강씨의 무덤이다. 황해도 곡산 출신인 신덕왕후는 이성계의 둘째 부인으로 이성계의 총애를 받았다. 1392년, 조선이 개국했을 때 태조의 옆에 서 있던 사람도 신덕왕후였다. 이성계의 첫 번째 부인인 신의왕후 한씨가 그 전 해에, 조선의 개창을 보지 못하고 눈을 감았기 때문이다. 결국 강씨는 현비로 봉해져 조선의 첫 번째 왕비에 오르게 된다.

정릉. 봉분에서 정자각 및 부속건물들을 내려본 모습.

조선왕조가 개창될 때 이성계의 나이는 58세였다. 그래서 즉위하자마자 세자 책봉에 나서야 했다. 현비였던 신덕왕후로서는 자신이 생산한 왕자를 세자의 자리에 앉히고 싶어 했다. 이성계의 사랑을 한 몸에 받고 있던 그녀였기에 그런 마음이 들지 않았다면 그게 더 이상했으리라. 하지만 쟁쟁하게 버티고 있던 신의왕후의 소생들이 문제였다. 방과(정종), 방원(태종) 등등. 신의왕후의 소생들은 조선 창업에 큰 공을 세운 이들이었다. 호락호락한 인물들이 아니었다.

이런 사정을 잘 알고 있었던 신덕왕후는 자기 뜻을 관철하기 위해 정도전과 손을 잡게 된다. 정도전 입장에서도 이미 다 장성한 데다 자기 주관이 뚜렷한 신의왕후의 자제보다는 아직 나이가 어린, 신덕왕후의 자제가 세자가 되는 게 더 좋았을 것이다. 재상 중심의 왕도정치를 주창한 정도전이었으니까.

결국 신덕왕후의 소생이었던 방석(의안대군)이 1392년 8월 20일에 세자로 책봉된다. 그해 7월 17일에 조선이 개국했으니 약 한 달 만에 세자가 책봉이 된 것이다. 이에 이방원(정안대군)은 격분한다.

"정릉은 조선왕조가 개국한 후 처음으로 능으로 조성되었습니다. 하지만 다른 왕릉들에 비해서는 좀 허술해 보이지 않나요? 봉분을 둘러싼 봉분석(병풍석)도 없고요."

그 말대로 정릉은 능의 격식에 맞지 않게 무언가가 빠져 있다. 여백의 미학이 아닌 인위적으로 뺄셈을 당한 것이다. 그렇게 뺄셈을 한 사람은 바로 태종 이방원이었다.

신덕왕후는 자신의 소생이 왕위에 등극하는 것을 보지 못한 채 1396년(태조 5)에 눈을 감고 만다. 자신이 너무나 사랑했던 신덕왕후가 죽자 이성계는 지금의 서울 중구 정동, 현재의 영국대사관 자리에 능을 조성했다. 또한 흥천사라는 사찰을 지어 그녀의 명복을 빌었다. 이 흥천사는 원찰(願刹)이었다. 원찰은 망자의 명복을 빌기 위해 지어진 사찰을 뜻한다. 정조대왕과 그의 아버지 사도세자가 묻힌 융건릉 인근에 있는 용주사도 원찰이다.

뺄셈을 당한 정릉

1398년 8월, 이방원이 주도한 1차 왕자의 난이 일어났다. 무인년에 일어났다 하여 무인정사(戊寅靖社)라고도 불리는 1차 왕자의 난으로 인해 정도전은 목숨을 잃게 된다. 세자였던 이방석도 목숨을 잃게 된다.

왕위에 오른 이방원은 도성 안에 무덤이 있을 수 없다는 이유로, 1409년(태종 9)에 정릉을 지금의 위치인 성북동으로 이전시킨다. 본격적인 뺄셈이 시작된 것이다. 그다음 해에는 정릉의 봉분을 두르고 있던 석각신장 같은 석물들을 광통교 건설에 쓰게 했다. 광통교는 청계천에 있는 다리다.

능에서 가져온 귀한 석재들로 돌다리를 만드는 만큼 그것들을 제대로

필자가 탐방했을 때는 비가 많이 온 다음이어서 그랬는지 봉분에 방수포를 덮었었다. 보시다시피 정릉은 다른 왕릉에 비해 무척 단출하다. 뺄셈을 당한 것이다.

청계천 광통교 교각 부분에 있는 석각신장. 머리 부분이 아래를 향하고 있다. 정릉의 봉분을 두르고 있던 병풍석이었는데 이렇게 엉뚱한 곳에서 이상한 자세로 세워져 있는 것이다. 사정이 이러하니 정릉의 봉분이 단출할 수밖에…

이용했으면 좋았으련만 이방원은 그렇게 하지 않았다. 일부러 신장석을 뒤집어 놓았다. 그래서 광통교 하단을 보면 몇몇 신장석들은 머리가 바닥을 향해 있다. 이방원은 철저하게 신덕왕후를 짓밟았다.

"여기 이거 물구나무선 거 같지 않나요?"
"진짜 그러네요."
"청계천 복원할 때 뒤집어서 복원한 게 아니고, 광통교가 처음으로 만들어졌을 때부터 이렇게 물구나무를 세웠습니다. 광통교는 1410년, 태종 때 만들어졌지요. 이렇게 거꾸로 놓이게 된 건 제작자의 의도가 강하게 반영됐다는 뜻이겠죠."
"굳이 이렇게까지…."
"그나저나 이것들은 거의 600년 이상을 이렇게 거꾸로 세상을 보고 있었겠네요."

이 대화들은 청계천 광통교를 탐방했을 때 이루어졌다. 이런 이야기가 있기 때문에 정릉을 제대로 보기 위해서는 광통교도 함께 탐방할 것을 추천한다.

신덕왕후의 능을 탐방한 후에는 정릉 숲길을 따라 걷는다. 정릉 자체보다 정릉 숲길이 더 좋다고 할 정도로 숲길이 참 빼어나다. 30분 정도 걸리는 코스가 있고 1시간 정도 걸리는 코스가 있는데 둘 다 좋다. 트레킹 팀은 일부러 긴 코스를 걸었다.

　이제 트레킹팀은 흥천사(興天寺)로 향한다. 정릉에서 나와 위쪽 주택가로 길을 잡으면 흥천사 표지판이 나온다. 왕릉의 정문을 통해 나오니 바로 주택가가 나오는 것도 정릉의 특징이다. 큰 주차장이 있는 동구릉이나 서오릉 같은 곳과 차이가 확연하다. 숲길을 좋아하는 주민들은 아예 정릉 숲길에서 산책을 할 정도다. 정릉이 속해 있는 성북구 주민들에게는 50% 할인이 적용된다. 무척 부럽더라.

정릉의 원찰, 흥천사

　흥천사는 정릉의 원찰이다. 신덕왕후에 대한 그리움이 지극했던 태조 이성계였기에 원찰을 크게 짓는 것은 당연한 일이었을지 모른다. 그렇게 흥천사는 1397년에 170여 칸의 대가람으로 탄생했고, 창건과 동시에 조계종의 본산이 된다. 1년 후에는 부처님 사리를 모신 사리각(舍利閣)도 만들어진다.

　흥천사도 정릉처럼 우여곡절이 많았다. 흥천사는 정릉처럼 중구 정동에 세워졌다. 정릉이 현재의 자리인, 성북구로 옮겨진 후로도 계속 그 자리를 지키게 된다. 이때에는 원찰이 아닌 왕실의 비호를 받게 되는 왕실 사찰이 된다. 하지만 성종 이후에는 쇠락해졌고 1504년(연산군 10)에는 큰불이 나서 사리각을 제외한 건물 전체가 불에 타는 아픔을 겪는다. 그러다 1510년(중종 5)에는 남아 있던 사리각까지 불타 없어진다. 이렇게 사찰이 쇠락하니 그 안에 있던 기물들이 뿔뿔이 흩어지게 된다. 그중 대표적인 게 보물로 지정된 흥천사 동종이다. 이 동종은 현재 덕수궁에 전시되어 있다. 범종이 사찰이 아닌 궁궐에 있는 것이다.

흥천사의 겨울

　흥천사는 1569년(선조 2)에는 왕명에 의해 정동 생활을 마감하고 '함취정'이라는 정자 자리에 다시 세워진다. 이때는 이름을 바꿔 신흥사(新興寺)로 불렸다. 그러다 1669년(현종 10)에 신덕왕후가 복권됐다. 이후 사찰은 1794년(정조 18)에 지금의 자리인 성북구 돈암동으로 이전하여 중창된다. 신흥사에서 흥천사로 제 이름을 다시 찾게 된 건 1865년(고종 2) 때였다. 흥선대원군은 대방을 짓고, 그 대방의 현판을 쓰는 등 흥천사의 중창에 큰 역할을 한다.

　어렵지 않은가? 연도도 많이 나오고, 여기 갔다 저기 갔다. 솔직히 정릉골 역사트레킹을 하면서 참 많이 애를 먹었다. 위에 저 내용을 트레킹 팀 앞에서 해설했다고 생각해보시라! 가뜩이나 머리도 안 좋은데…. 그래서 정리해본다.

　　1. 1397년 정릉과 흥천사 만들어짐
　　2. 1409년 정릉, 성북동으로 천장됨
　　3. 1569년 흥천사가 신흥사로 이름을 바꿔 옛 함취정 자리에 들어섬
　　4. 1669년 신덕왕후 복권됨
　　5. 1794년 신흥사가 지금의 자리(성북동)로 이전, 중창됨

권력이 무엇이기에… 215

6. 1865년 흥선대원군이 중창을 하고, 흥천사로 이름을 다시 고침

흥천사는 사찰 탐방을 좋아하시는 분이라면 꼭 한번 방문해볼 만한 곳이다. 본전인 극락전을 비롯해 대방, 명부전 등의 가람들이 조선 후기에 만들어졌기 때문이다.

이름값 하는 산사 가는 길

이제 트레킹팀은 북악스카이웨이의 동쪽을 따라 걷는다. 차로로 다니는 것이 아니라 그 옆에 있는 북악하늘길을 걷는 것이다. 계속 북악하늘길을 따라 걷다 북악골프연습장이 나오면 숲길로 들어선다. 이 숲길은 '산사 가는 길'이라는 도보여행길이다. 북악산 북쪽에는 작은 사찰들이 많은데 그 사찰들을 연결한 길이다. 북악하늘길도 나쁘지는 않지만 그래도 차가 다니는 길이라 산사 가는 길보다 못하다. 산사 가는 길은 진짜 이름값을 한다. 직접 걸어보시길 권한다.

정릉 숲길

역사의 라이벌은 참 많이도 있었다. 싸움 구경이 재미나듯이, 역사가들에 의해 싸움 붙여진 라이벌들도 많을 것이다. 라이벌은 선의의 경쟁관계로 있어야 서로에게 이득이 될 것이다. 상대방을 찍어 누르려는 라이벌은 비극만을 초래할 뿐이다. 특히 권력이라는 두 글자 앞에서는 더 그렇다. 도대체 권력이 무엇이기에!

정릉 역사트레킹

1. 코스: 정릉 ···▶ 흥천사 ···▶ 북악하늘길 ···▶ 산사 가는 길 ···▶ 전망대

2. 이동거리: 약 7km

3. 예상시간: 약 3시간 30분(휴식시간 포함)

4. 난이도: 하

5. IN: 경전철 우이신설선 정릉역 2번 출구 / OUT: 국민대

    ☞ 국민대에서 버스 편을 이용하여 다시 정릉역으로 이동할 수 있음

17

우면산에서 한반도의 안전을 생각하다!

우면산 역사트레킹

하긴 필자도 처음에는 설마 했었다. 강남을 품고 있는 우면산에 지뢰밭이 있다는 걸 쉽게 못 받아들이겠더라. 더군다나 아직까지도 미확인 지뢰지대까지 있다고 하니. 이렇게 이야기 하니 무슨 비무장지대로 트레킹하러 가는 거 같다. 우리 강남에 있는 우면산으로 트레킹하러 가는 거 아닌가요? 강남스타일 트레킹이요!

"에이 그게 말이 되나요? 서울에, 그것도 강남과 가까운 곳에 무슨 지뢰밭이에요?"

우면산의 지뢰밭 이야기를 하면 항상 저런 반응부터 나온다. 이구동성이다. 어떤 참가자는 필자를 무척이나 한심하게 쳐다보기도 했다. 무슨 사기꾼 보듯이. 설마 거짓말을 할까. 지뢰밭이 있으니까 있다고 하지.

하긴 필자도 처음에는 설마 했었다. 강남을 품고 있는 우면산에 지뢰밭이 있다는 걸 쉽게 못 받아들이겠더라. 더군다나 아직까지도 미확인 지뢰지대까지 있다고 하니. 이렇게 이야기 하니 무슨 비무장지대로 트레킹하러 가는 거 같다. 우리 강남에 있는 우면산으로 트레킹하러 가는 거 아닌가요? 강남스타일 트레킹이요!

소가 졸고 있는 모습을 한 우면산

서두부터 참 요란스럽다. 사실 우면산 역사트레킹도 참 재미난 코스다. 위험하지도 않다. 그럼 왜 저런 자극적인 에피소드로 글을 시작했는가? 방심하지 말자는 의미에서 그랬다. 안전 없이 트레킹 없다. 이 원칙을

우면산 숲길

지키기 위해서다.

본격적인 트레킹에 앞서 우면산에 대해서 잠시 알아보자. 관암산이라고도 불린 우면산(牛眠山)은 소가 졸고 있는 모양새다. 동서로 길게 뻗은 모습을 하고 있다. 남태령을 사이에 두고 있는 옆 산 관악산이 해발 632m인데 비해 동서로 퍼져 있어서 그런지 우면산은 해발이 293m다. 관악산의 반도 못 미친다. 하지만 키가 작은 만큼 관악산보다는 오르기가 수월하다.

우면산 역사트레킹은 2호선 방배역 4번 출구에서 집합해 그 옆에 있는 청권사로 향한다. 4번 출구와 청권사까지는 약 50m밖에 떨어져 있지 않다. 지하철에서 내리자마자 첫 탐방지를 만나는 것이다.

효령대군을 모신 사당, 청권사

청권사(淸權祠)는 어떤 곳인가? 청권사는 세종대왕의 둘째 형인 효령대군 이보를 기리는 사당과 함께 그와 후손의 묘가 있는 곳이다. 원래 효령대군의 묘는 임산원이라고 불렸는데 1736년(영조 12)에 왕명에 의해 경기감영이 사당을 지었다. 사당은 다음 해에 완성됐고, 청권사라는 이름

효령대군 묘역 가는 길

효령대군 묘를 지키는 문인석. 문인석 뒤로 아파트가 병풍처럼 펼쳐진 모습이 이채롭다.

을 얻게 된다. 이후 1789년(정조 13)에 사액된다.

'청권'이란 이름은 《논어》〈미자편〉의 '신중청폐중권(身中淸廢中權)'이란 말에서 따왔다. 명칭이 복잡한데 그 내막을 알려면 효령대군의 삶을 되짚어봐야 한다.

중국에서 은나라가 쇠락하고 주나라가 흥기할 때인 주나라 태왕 때였다. 태왕은 세 명의 아들을 두었는데 첫째 태백, 둘째 우중, 셋째 계력이 바로 그들이었다. 이 중 계력이 창(昌)을 낳으니 성군으로서의 큰 자질이 보였다. 이를 알고 첫째 태백과 둘째 우중은 몰래 도읍에서 빠져나와 멀리 도망간다. 이에 왕위는 셋째 계력으로 전해졌고, 마침내 그의 아들 창에게로 이어졌다.

어디서 많이 보던 장면이 아닌가? 성군의 자질이 가득했던 셋째 아우를 위해 도성을 떠났던 첫째 양녕대군과 둘째 효령대군이 눈앞에 그려진다. 그렇다. 세종대왕의 왕위를 위해 도성을 등졌던 효령대군은 주나라 태왕의 둘째 우중에 비견된다. 우중은 이후 청빈하게 살았기에 청도(淸道)에 맞았고, 스스로 왕위 계승을 깨끗이 포기했으니 권도(權道)에 맞았다는 것이다. 이를 두고 '신중청폐중권'이라 했고, 여기서 '청권사'의 명칭이 나온 것이다.

어렵다. 하지만 이렇게 하나하나 알아가는 것도 하나의 재미다. 계력의 아들 창은 이후 주나라 문왕(文王)이 된다. 무왕(武王)의 아버지이자 강태공과의 일화로 유명한 그 문왕이다. 주나라 무왕은 은나라를 멸망시킨다.

"보세요. 주위는 다 아파트와 건물들인데 효령대군 묘만 녹음을 품고 있습니다. 효령대군 묘가 쉼표를 찍어주는 거 같아요."

"오, 정말 그런 거 같아요. 쌤, 적절한 표현!"

청권사와 효령대군 묘는 묘지이지만 한편으로는 공원 같다. 유치원 꼬맹이들도 소풍을 올 정도로 효령대군과 그의 후손들은 넉넉하게 주위를 품고 있는 듯하다.

효령대군은 유교 국가 조선에서 불교의 진흥과 보전에 많은 애를 기울였다. 우중처럼 어진 성품을 지니고 많은 이들과 두루두루 교류했다. 불교에 심취했다고 성리학자들의 비판을 받기도 했지만 그런 비판에도 괘념치 않은 듯싶다. 그렇게 덕업을 쌓으며 살아갔던 효령대군은 크게 장수를 하다 세상을 떠났다. 91세에!

봉은사보다도 300년이나 앞서 건립된 대성사

트레킹팀은 반대편 매봉재산으로 향한다. 매봉재산은 우면산의 지산인데, 백석대학교 서울캠퍼스 옆으로 난 산책로로 진입할 수 있다. 동네 뒷산 정도이지만 숲이 울창해서 삼림욕을 하기에 적당하다. 트레킹팀은 남부순환로를 지나 본격적으로 우면산에 진입한다. 트레킹팀 앞에 서울둘레길 표지가 나타난다. 이곳은 서울둘레길 4코스인데 트레킹팀은 대성사로 방향을 잡고 이동한다.

서울 강남에서 가장 유명한 사찰은 단연코 봉은사일 것이다. 어쩌면 조계사보다도 봉은사를 더 익숙하게 느끼는 사람도 있을 것이다. 조계사의 일주문을 본 사람들보다 봉은사의 일주문을 본 사람이 더 많을지도 모른다. 봉은사가 코엑스 사거리 옆에 있어 오며 가며 바라볼 수도 있으니까.

평지에 있는 사찰의 장점일지도 모른다. 하지만 그런 수월한 접근성은 산사가 주는 고즈넉함과는 배치된다. 소음에 시달리고 번잡하고…. 우리가 기대하는 사찰은 그런 것이 아니니까.

좀 사설이 길어졌다. 여기에 봉은사보다 더 오래된 산중 사찰이 있다. 트레킹팀의 탐방지인 대성사(大聖寺)가 바로 그곳이다. 봉은사가 794년(신라 원성왕 10)에 연회국사에 의해 창건됐는데, 대성사는 384년(백제 침류왕 1)을 그 기원으로 두고 있으니 무려 400년이나 그 시기가 앞선다. 백제가 충남 공주(웅진)로 천도했을 때가 475년이니 대성사는 한성 백제 시기의 지어진 사찰이다. 이 시기에 창건된 사찰이 서울 강남에 자리 잡고 있다는 것이 놀랍다. 하지만 그것보다 더 놀라운 사실이 있다.

"여기 대성사는 무려 1,700년 전에 만들어진 사찰이에요. 한국사 책에 백제가 불교를 384년에 받아들였다고 적혀 있는데요 그때 만들어진 백제 최초의 사찰이에요."

"그게 정말이에요? 저는 처음 들어보는 이야기에요."

대성사가 백제 최초의 사찰이라는 게 놀라운 게 아니고, 대성사의 존재를 잘 모르는 사람이 대다수였다는 게 그저 놀라울 따름이었다. 강남 지역에 거주하는 사람도 대성사의 존재를 잘 몰랐다고 했다.

1700년 전에 창건된 백제 최초의 사찰

대성사에 대해서 더 알아보자. 384년에 중국 동진을 통해서 인도의 승려 마라난타가 백제로 들어온다. 이에 침류왕은 크게 환대하고 왕실에 머물게 했다. 서역과 중국 등 먼 길을 이동하느라 그랬는지 마라난타는 수

토병에 걸려 고생했다. 지금이야 편의점에서 손쉽게 생수를 사서 마실 수 있지만 예전에는 다른 지역에 가면 물이 안 맞는, 물갈이로 고생한 사람들이 꽤나 많았다. 수토병이 바로 물갈이다.

대성사

그렇게 수토병으로 고생했던 마라난타는 우면산 샘물을 마시고 치유가 된다. 이에 우면산에 초당을 짓고 수행하니 그곳이 바로 대성초당(大聖草堂)이 됐고, 대성사의 기원이 된 것이다. 그래서 대성사에는 백제 '초전법륜성지(初轉法輪聖地)'라는 설명이 꼭 따라붙는다.

이렇게 놀라운 창건 배경을 가진 대성사지만 막상 그곳에 가보면 좀 허전한 느낌이다. 가람들도 근래에 만들어진 것들이다. 왜 그럴까? 대성사에는 삼일운동 당시 불교계를 대표했던 용성 스님이 계셨던 곳이다. 독립운동에 아지트로 쓰였다는 이유로 일제가 대성사에 불을 지른 것이다. 격노할 일이다. 이후 대성사는 한국전쟁 때 또 한 번 파괴되는 아픔을 겪는다.

대성사를 떠나기 전에 침류왕 이야기를 첨언해본다. 불교를 공인한 침류왕은 근초고왕의 손자였다.

근초고왕(재위 346~375)

근구수왕(재위 375~384)

침류왕(재위 384~385)

침류왕은 위에서 언급했듯이 재위 기간이 겨우 1년 정도다. 약 30년 가까이 보위에 올랐던 할아버지 근초고왕에 비해 너무 단명했다. 이와 관련해서 토착신앙을 중시하던 기존의 귀족세력이 불교를 공인한 침류왕에게 위해를 가했다는 설이 있다. 왕위도 침류왕의 아들이 아닌 동생이 이어받게 된다. 그가 진사왕이다.

끝까지 안전하게 트레킹합시다!

대성사를 벗어나 우면산 소망탑을 향해서 이동한다. 숲길을 따라가는 길이라 참 좋다. 잣나무 숲 구간이 있는데 향이 좋아 오래 머물고 싶을 정도다. 소망탑은 산 정상부 능선에 있어 오르막길도 있다. 하지만 그렇게 어려운 경사도가 아니니 역사트레킹의 취지에 맞게 느릿느릿 걷다 보면 어느 순간 도착해 있을 것이다.

소망탑에서 바라보는 풍광이 참 시원해서 좋다. 강남의 빌딩 숲은 물론 멀리 북한산도 잘 보인다. 특히 이 소망탑은 야경 명소 중에 하나로 손꼽힌다.

소망탑에서 내려와 다시 방배역 방면으로 내려가면 우면산 역사트레킹이 종료된다. 하지만 내려오는 발걸음을 조심하시라! 지뢰밭이 있으니까. 우면산 정상 부근에 군 기지가 있는데 그곳을 방어하기 위해 1,000여기의 지뢰를 매설했다. 이후 여러 가지 이유로 지뢰의 효용성이 떨어지자 우면산의 지뢰도 제거가 된다. 하지만 10여 기가 미확인 상태로 제거되지 못했다. 2011년도에 있었던 유명한 우면산 산사태로 인해 미확인 지뢰에 대한 공포심이 극에 달하게 됐다.

"지정된 탐방로만 다니시면 문제가 없을 겁니다!"

여러 차례에 걸쳐 우면산 트레킹을 한 필자의 의견이다. 우면산에서는 꼭 지정된 곳으로만 다니자. 재밌게 우면산 역사트레킹을 했으니 끝까지 안전을 지켜야 하는 법! 아울러 1997년 채택된 대인지뢰금지협약(일명 오타와협약)에 우리나라와 북한이 동시에 가입하지 않았는데 이참에 가입 좀 하자. 발효된 지 꽤 지났는데 남북한은 아직까지도 가입하지 않고 있다. 대인지뢰는 군인과 민간인을 구별하지 않는 잔인한 무기이다. 즐겁게 트레킹하는데 앞에 지뢰가 있다? 생각만 해도 끔찍하다.

우면산 소망탑

지뢰지대 표지판

우면산 역사트레킹

1. 코스: 효령대군묘(청권사) ···▶ 매봉재산 ···▶ 대성사 ···▶ 우면산소망탑 ···▶ 방배역

2. 이동거리: 약 8km

3. 예상시간: 약 3시간 30분(휴식시간 포함)

4. 난이도: 하

5. IN: 지하철 2호선 방배역 4번 출구 / OUT: 방배역 1번 출구

　　☞ 우면산 소망탑에서 다시 방배역으로 회귀할 수 있음

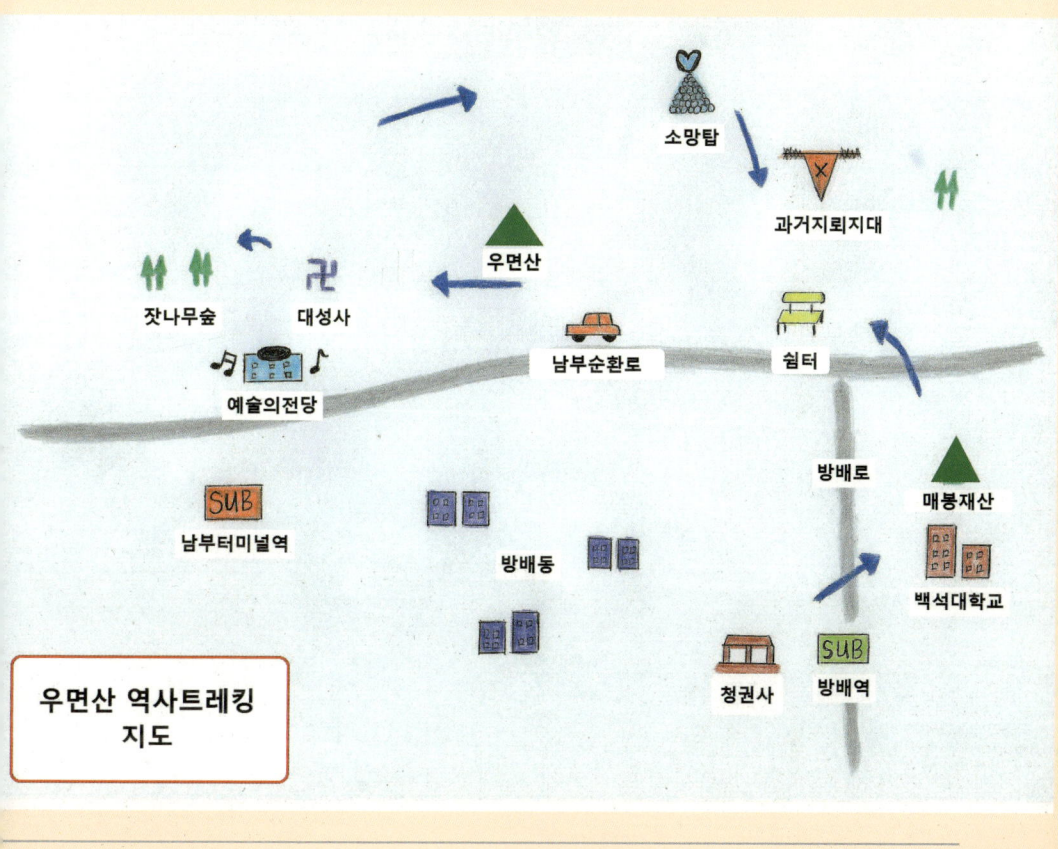

18

진짜 센 분을 만나러 간다!

태종 이방원 역사트레킹

태종 이방원 역사트레킹은 할미산이라고도 불리는 대모산 일대에서 진행된다. 대모산의 남쪽에서 시작해서 북쪽으로 넘어가 광평대군 묘역에서 종료가 된다. 산을 하나 넘어가는 형태지만 물리적으로 그리 어려운 코스는 아니다. 대모산의 해발고도가 293m밖에 되지 않기 때문이다. 그리고 정상을 찍지도 않는다.

　이번 편에는 센(?) 분을 만나러 간다. 제목에서부터 파워가 느껴지지 않는가? 태종 이방원 역사트레킹이니까!

　태종 이방원 역사트레킹은 할미산이라고도 불리는 대모산 일대에서 진행된다. 대모산의 남쪽에서 시작해서 북쪽으로 넘어가 광평대군 묘역에서 종료가 된다. 산을 하나 넘어가는 형태지만 물리적으로 그리 어려운 코스는 아니다. 대모산의 해발고도가 293m밖에 되지 않기 때문이다. 그리고 정상을 찍지도 않는다. 역사트레킹은 숲길을 찾아 산을 향해 가지만 정상을 찍지는 않는다. 역사트레킹은 등산모임이 아니니까.

　태종 이방원 역사트레킹의 첫 번째 탐방지는 헌인릉이 있는 강남구 내곡동이다. 하지만 트레킹팀은 지하철 3호선과 신분당선이 만나는 양재역에서 집합한 후 헌인릉행 시내버스를 타고 이동한다. 헌인릉에 가보면 알겠지만, 여기가 강남이 맞나 싶을 정도로 허한 느낌이다. 그 흔한 편의점 하나가 안 보인다. 길이 엇갈릴 수도 있다는 생각에 아예 양재역에서 함께 모여 이동하는 것으로 정했다. 버스를 약 20분 정도 타고 가는데 차창 밖 풍경이 지루하지 않아서 좋다.

정자각 방면에서 바라본 헌릉. 뒤로 대모산 정상부가 보인다.

자식 복이 없었던 정조

주차장을 지나 매표소로 향하는데 홍살문이 보이고 그 너머에 봉분이 보인다. 들어서자마자 태종 이방원이 잠든 헌릉을 마주하는 것인가? 아니다. 그곳은 인릉이다. 인릉은 조선 제23대 왕인 순조와 그의 부인인 순원왕후의 능이다. 이방원을 만나러 왔는데 뜻밖에 인물부터 마주하게 된 것이다. 태강릉을 생각해보시라. 문정왕후가 잠든 태릉을 보러 왔는데 그의 아들인 명종이 잠든 강릉까지 탐방하지 않았던가.

순조는 정조의 차남으로 1790년에 태어났다. 그의 어머니는 수빈 박씨였는데 성품이 온화하고 검소한 생활을 하여 현빈(賢嬪)이라고 불렸다. 순조는 정조가 어렵게 얻은 아들이었는데 그와 관련하여 흥미로운 이야기가 있다.

성군이라 불리는 정조대왕이지만 자식 복은 무척이나 없었다. 총 다섯 명의 부인으로부터 2남 2녀를 얻었는데 그마저도 아들 하나와 딸 하나가 어려서 죽게 된다. 좀 더 자세히 살펴보자. 정비였던 효의왕후와의 사이에서 자식이 없어 후궁인 원빈 홍씨와 화빈 윤씨를 연이어 들이게 된다. 하지만 이들에게도 후사를 얻지 못한다. 그러다 오래전부터 마음에 두고 있었던 의빈 성씨를 후궁으로 맞이하게 된다. 의빈 성씨는 원래 정조의 어머니인 혜경궁 홍씨가 자식같이 대하던 궁녀였다. 성씨가 정조보다 한 살 많았는데 열 살경에 입궁했으니 정조와는 어렸을 때부터 자주 마주쳤다. 그러다 나이가 찼고 성숙한 여인으로 거듭났을 것이고, 예전이나 지금이나 선남선녀들이 한 공간에 있으면 무슨 일이 일어날지 모르는 법이다. 불꽃이 팍팍!

의빈 성씨는 1남 1녀를 낳았는데 아들이 문효세자였다. 문효세자는 정조의 첫 번째 자식으로 1782년에 태어났다. 그러나 박복하게도 다섯 살도 안 된 1786년에 홍역에 걸려 요절한다. 자식을 먼저 보낸 아픔 때문인지 당시 임산부였던 의빈 성씨도 몇 개월 후에 이 세상을 떠나고 만다. 그나마 있던 딸인 옹주도 어린 나이에 세상을 마감한다. 연이어 이어진 부인과 자식들의 죽음에 정조는 하늘이 무너지는 느낌이었을 것이다.

농산 스님이 정조의 아들?

1787년(정조 11)에 수빈 박씨가 후궁으로 간택된다. 하지만 바로 순조를 낳지는 못했다. 왕위를 계승할 후손이 없었으니 정조는 얼마나 마음이 타들어 갔겠는가. 그런 상황 때문인지 모르겠지만 순조의 탄생과 관련하여 주술적인 이야기가 등장한다.

용파라는 스님이 있었다. 용파 스님은 당시 부과되는 부역이 너무 과하여 불교계가 피폐해지자 이를 타파하기 위해 한양으로 올라왔다. 학수고대한 끝에 임금을 만났으니 그가 바로 정조였다. 대왕 앞에 나가 자초지종을 설명하니 그 부역을 면하게 됐다. 하지만 조건이 하나 걸렸다. 왕위를 이을 왕자를 낳게 해달라는 것이었다. 정조는 용파가 보통 승려가 아니었음을 알아보았고 그에게 후사 문제를 해결해달라고 했던 것이다.

문제가 해결됐지만 또 하나의 문제가 발생한 것이다. 임금과의 거래의 산물이니 반드시 해결해야 하는 문제였다. 용파 스님은 이 일이 홀로 감당할 수 없는 일이라 하여 삼각산(북한산) 금선사에 있는 농산 스님을 찾아갔다. 자초지종을 들은 농산 스님은 금선사에 있는 목정굴에서, 용파 스님은 수락산에 있는 내원암에서 300일 관음기도를 올리게 된다.

드디어 300일이 되던 날이었다. 이날 수빈 박씨는 한 스님이 나타나 음력 6월 18일에 아들이 태어날 것이라고 일러주는 꿈을 꾸게 된다. 이때 금선사 목정굴에서 기도를 올리던 농산 스님이 가부좌를 튼 채로 열반에 들게 된다. 마침내 음력 6월 18일이 됐고 그렇게 학수고대하던 왕자 아기씨가 태어났다. 이를 두고 농산 스님이 환생하여 수빈 박씨의 아들로 태어났다고 말들이 떠돌았다. 이 설화대로라면 농산 스님이 정조대왕의 아들인 것이다.

믿거나 말거나 같은 이야기다. 하지만 어쨌든 왕위를 이을 왕자가 태어났고, 금선사에서는 매해 6월 18일에 순조의 탄신제를 올리고 있다. 더불어 금선사와 내원암은 정조 재위 기간에 크게 중창된다.

정조의 자식과 부인들 이야기를 길게 나열해봤다. 개혁군주였던 정조가 승하하자 조선은 급격하게 퇴보하게 된다. 세도정치로 인해 사회는 극심하게 혼탁해지고 민초들의 삶은 나락으로 떨어지게 된다.

'정조대왕이 좀 더 길게 사셨으면….'
'순조가 좀 더 일찍 태어났으면….'

순조가 열한 살이 아닌 좀 더 성장한 후에 왕위에 올랐으면 세상이 어떻게 바뀌었을까? 부질없지만 그런 상상을 해본다. 세도가가 맹위를 덜 떨쳤을 것 같고, 서양 열강들과의 관계도 좀 더 슬기롭게 대처했을…. 말 그대로 쓸데없는 역사적 가정인가? 하지만 아쉬운 것은 아쉬운 거다.

북한산 금선사에 있는 목정굴. 계곡 옆에 있어 여름철에는 무척 시원하다. 대모산이 아니라 북한산에 있다.

인릉 정자각

한 번 옮겨진 인릉

순조의 탄생 이야기를 너무 길게 하였다. 이제 순조가 잠들어 있는 인릉을 살펴보자. 원래 인릉은 1835년, 경기도 파주에 있는 장릉(長陵) 곁에 있었다. 장릉은 인조의 능이다. 그러다 20년 후에 능지가 불길하다는 이유로 이곳 헌릉 옆으로 천릉(遷陵)하게 된다. 옮길 천(遷) 자에서도 보듯 천릉은 이장(移葬)을 뜻한다. 그래서 천장(遷葬)이라고도 부른다. 천릉해서인지 인릉의 비각 안에는 구표석과 신표석 두 기가 있다.

인릉은 순조와 함께 정비 순원왕후가 함께 묻힌 합장릉이다. 단릉과 같은 형식이라 단출한 모습을 띠고 있다. 옆에 있는 태종 이방원의 헌릉과 비교해보면 확실히 차이가 난다. 소박해 보일 정도다.

순조가 1834년에 세상을 떠났으니 재위 기간은 34년이다. 짧지 않은 기간이다. 아버지 정조보다 10년이나 더 왕위에 있었다. 오랫동안 용상에 있어서 그랬는지는 모르겠지만 다음 왕위는 손자인 헌종에게로 전해졌다. 많은 이들의 주목을 받았던 아들 효명세자가 일찍 죽음을 맞이했기에 그렇게 된 것이다. 여기서 간단한 퀴즈 하나.

인릉. 옆에서 본 모습이다.

"조선 역사에서 가장 어린 나이에 왕위에 오른 왕은 누구?"

단종이라고 많이 말씀하실 거 같은데 틀린 말이다. 답은 바로 헌종이다. 헌종은 여덟 살 나이에 즉위하였다. 할아버지인 순조보다도 더 어린 나이에 용상에 오른 것이다. 참고로 단종은 열두 살에 즉위했다.

진짜 센 분을 만나러 간다!

이제 진짜 '센' 분을 만나러 갈 차례다. 인릉에서 숲길을 따라 잠깐 걸으면 헌릉이 나온다. 헌릉 홍살문에 가기 전에 이런 멘트를 날렸다.

"이제 진짜 센 분 만나러 가니 옷 좀 잘 추스르세요."
"네?"
"잘못하면 그분한테 혼날 수도 있으니까요."
"…."

농담 삼아 이런 말을 했지만, 확실히 인릉보다는 헌릉을 탐방할 때 좀 더 긴장했던 거 같다. 기가 더 세게 느껴졌다고 해야 하나. 조선 왕 중에서 가장 순(純)했던 왕을 만나고 뒤이어 가장 '센' 왕을 알현하니 필자의 몸에서 기가 파도를 치는 느낌이었다.

헌릉은 조선 제3대 왕인 태종과 그의 정비인 원경왕후가 잠들어 있는 곳이다. 인릉처럼 봉분이 하나가 아니라, 두 개의 봉분이 나란히 안치된 쌍봉 형태로 이루어졌다. 대신 곡장은 트여 있어 두 개의 봉분을 가지런히 감싸고 있다. 곡장은 무덤 뒤에 쌓은 낮은 담을 말한다.

헌릉에 먼저 무덤을 쓴 사람은 원경왕후 민씨였다. 원경왕후는 1420년(세종 2)에 이곳에 묻히게 된다. 당시 태종은 상왕으로 물러난 상태였는데 원경왕후가 이승을 떠난 2년 후인 1422년(세종 4)에 파란만장한 삶을 마감하고 헌릉에 묻히게 된다.

원경왕후는 1398년에 있었던 1차 왕자의 난 때 크게 도움을 주는 등 이방원이 권력을 쟁취하는 데 큰 공헌을 한다. 하지만 왕위에 오른 태종은 왕권 강화를 위해 외척세력을 제거하기에 이른다. 이 때문에 원경왕후의 남동생 네 명은 죽임을 당한다. 상황이 이러하니 원경왕후도 폐위에 위기에 몰렸다. 트레킹팀과 이런 대화를 한 적이 있었다.

"연산군 때처럼 세종대왕도 생모가 폐위됐으면 어떻게 됐을까요?"
"그런 가정은 별로 생각하고 싶지 않은데요."

어쨌든 극과 극을 달렸던 태종과 원경왕후는, 현재는 나란히 누워 고이 잠들어 있다. 살아생전의 태종의 모습처럼 헌릉은 에너지가 넘쳐난다. 옆에 있는 인릉의 석물들이 소박한 모습이라면 헌릉의 석물들은 기개가 넘치는 모습이다.

헌릉. 능 바로 옆에서 찍은 모습이다. 화려한 석물들이 눈길을 끈다.

원래 세종대왕의 능이 헌릉 옆이었다고?

원래는 이 헌릉 근처에 세종대왕도 묻혔었다. 효자였던 세종대왕은 헌릉 서편에 왕비였던 소헌왕후와 함께 합장되었다. 이를 영릉(英陵)이라고 부른다. 하지만 우리가 알고 있듯이 현재 영릉은 경기도 여주시에 자리 잡고 있다. 경강선 세종대왕릉역에 내려서 탐방할 수 있다.

왜 영릉은 대모산에 있다가 저 멀리 여주로 옮겨갔을까? 세종이 승하한 후 흉사가 연이어 일어난다. 문종이 일찍 숨을 거두고, 단종이 안타까운 일을 당한다. 단종을 죽음에 이르게 한 세조도 그 흉사를 피해 가지 못한다. 장남인 의경세자가 스무 살 나이에 일찍 세상을 떠나고 말았기 때문이다. 이에 대모산의 영릉 자리가 나쁘다며 1469년(예종 1)에 여주 땅으로 천장하게 된 것이다.

헌릉의 서쪽에는 희릉(禧陵)도 있었다. 희릉은 중종의 제1계비였던 장경왕후의 능이다. '태릉 역사트레킹' 편에서도 언급됐듯이 장경왕후는 1515년(중종 10)에 아들을 낳다 산통으로 목숨을 잃게 된다. 그때 낳은 아들이 인종이다. 인조 말고 인종. 장경왕후 이후 왕비가 된 이는 그 유명한 문정왕후이다. 이후 희릉은 풍수상 안 좋다는 의견이 있어 1537년(중종 32)에 고양시 서삼릉 능역으로 천장한다.

조선의 초기와 후기를 동시에 만나다

태종 이방원은 함부로 자신의 옆자리를 내주지 않았던 것 같다. 순조의 인릉이 들어선 것도 의아할 정도다. 철권 통치자와 유약한 통치자, 서로 잘 어울릴 거 같지 않은 동거를 뒤로 하고 헌인릉을 빠져나왔다.

대모산을 넘어 세종의 5남인 광평대군 묘역까지 탐방하면 태종 이방원 역사트레킹은 종료된다. 이때 대모산 숲길을 걸어가는데 이 숲길도 정말 좋다. 명품 숲길이라고 해도 과언이 아니다.

태종 이방원 역사트레킹이라고 해놓고선 순조를 비롯한 조선 후기 이야기를 더 많이 한 거 같다. 이방원의 네임파워를 이용해 먹은 것이다. 꼼수를 썼다고 너무 질책하지는 마시라. 이런 식으로라도 조선 후기를 정리해보고 싶었다.

이렇듯 태종 이방원 역사트레킹에서는 조선 전기와 후기를 동시에 만나 볼 수 있다. 또한 할머니의 품 같은 대모산의 숲길도 태종 이방원 역사트레킹의 빼놓을 수 없는 매력 중에 한 가지다. 그러니 안 가면 너무 섭섭할 거예요!

수서동 가마터

태종 이방원 역사트레킹

1. 코스: 헌인릉 ⋯▶ 대모산숲길 ⋯▶ 수서동가마터 ⋯▶ 광평대군묘역

2. 이동거리: 약 7km

3. 예상시간: 4시간(휴식시간 포함)

4. 난이도: 중

5. In: 지하철 3호선 양재역 9번 출구 / OUT: 광평대군묘역

☞ 출발 시 '헌인릉'행 버스 탑승. 약 20분 정도 소요됨

19

본전도 못 찾은 호랑이

호암산 역사트레킹

호랑이는 꼬리를 밟으면 꼼짝 못 한다는 말이 있어 그 부분에 해당하는 곳에 호압사를 짓게 한 것이다. 호압사의 법고는 호랑이 등 위에 올려져 있다. 법고 밑에 호랑이가 깔린 형상이다. 그렇듯 호압사는 철저하게 호랑이 기운을 누르기 위해 기획된 사찰이다.

 믿거나 말거나지만, 조선의 건국자들은 관악산의 화기를 두려워했다. 또한 호랑이 기운도 두려워했다. 경복궁과 관악산 사이에 한강이 있었지만, 그 걷잡을 수 없는 기운이 도강하여 도성 안으로 미치지 않을까 노심초사했다.

 이번 편은 관악산에 대한 이야기인가? 아니다. 관악산의 지산인 호암산 이야기다. '호암산 역사트레킹'은 1호선 석수역에서부터 시작한다. 1번 출구로 나오면 1번 국도가 나온다. 이 구간은 '경수대로'라고도 불리는데 안양시 석수동부터 수원시 권선구 대황교동까지의 거리를 경수대로라는 다른 이름으로 부르기도 한다. 참고로 1번 국도의 전체 길이는 전라남도 목포에서부터 평안북도 신의주까지 1,068km에 달한다. 남북이 통일되면 1번 국도를 따라 달려보는 것도 재미있을 거 같다. 필자도 통일이 되면 큰 배낭에 텐트 짊어지고 북쪽에 트레킹하러 갈 셈이다. 그날이 언제 올까? 하여간 빨리 왔으면 좋겠다.

 석수역을 뒤로하고 걸으면 서울둘레길 표식이 보인다. 여기는 서울둘레길 5코스 관악·호암산 구간(관악·삼성산 구간)이다. 도보여행자들이 표식을 따라 산으로 향한다. 주택가를 지나면 둘레길 초입이 나오는데 트레킹팀은 좀 더 이동한다. 대한신학대학교라는 곳이 나오는데 이곳에서 무언가를 하고 출발한다. 스트레칭. 많이 걸으니 스트레칭은 필수다.

호랑이 형상을 닮은 호암산

큰 산이라 그런지 관악산은 여러 지산을 거느리고 있다. 호암산도 그 중 하나다. 그 외에 삼성산도 관악산의 지산으로 잘 알려져 있다.

금주산 혹은 금지산으로 불렸던 호암산(虎岩山)은 호(虎) 자에서도 보이듯, 산이 호랑이의 형상을 닮았다고 한다. 호암산은 서울 금천구의 주산으로 금천구와 관악구에 걸쳐 있다. 호암산이 호랑이의 모습을 하고 있는지는 잘 모르겠다. 하지만 돌산인 관악산의 지산인 만큼 바위가 많다. 해발고도가 393m라 그리 높지 않지만, 곳곳에 펼쳐진 기암괴석들이 산행객들의 시선을 사로잡는다.

"저 바위가 무언가 있어 보이네요. 어떤 걸로 보이세요?"
"촛대바위인가요? 길쭉길쭉하네요."
"길쭉하긴 한데요. 촛대바위는 아니에요."
"그럼 뭐죠…?"

트레킹팀의 눈길을 사로잡는 바위가 나타났다. 일명 사랑바위라고 불리는 '신랑각시바위'다. 이 바위는 남녀 간의 사랑을 이루게 해준다고 하여 이 일대에서는 무척 유명한 바위로 통한다. 촛대바위처럼 늘씬한 암석 두 개가 서로의 몸을 맞대고 입맞춤하는 형상이라 사랑바위라는 명칭을 얻은 것이다. 그런데 자세히 보면 아랫부분은 단일 암석이다. 윗부분에 절단면이 생겨 바위가 두 개로 보이게끔 윤곽선이 생긴 것이다.

신랑각시바위

호암산판 로미오와 줄리엣, 신랑각시바위

 명칭이 신랑각시바위인 만큼 그 속에 얽힌 이야기도 당연히 러브스토리다. 아랫마을에 선남선녀가 있었는데 그 둘은 서로를 너무나 사랑하는 사이였다. 하지만 운명의 장난인지 두 집안은 서로 철천지원수였다. 로미오와 줄리엣이 생각나는 대목이다. 여자 집안에서는 다른 집으로 시집보내려고 했고, 이에 낭자는 호암산으로 도망쳐 스스로 목숨을 끊으려고 했다. 이 소식을 들은 총각은 낭자를 찾아다녔고 지금의 신랑각시바위가 있는 곳에서 낭자를 찾게 됐다. 둘은 서로 다시는 떨어지지 말자고 다짐했고, 그 소원을 달님에게 빌었다. 달님은 그 둘을 영원히 떨어지지 않게 그 자리에 서로를 마주 보게 하는 바위로 만들었다.
 남녀 간의 애절한 사랑 이야기는 동서고금을 막론하고 존재한다. 그 이야기들의 상상력은 끝이 없다. 나무에 투영하여 연리지(連理枝)를 그려내고, 상상의 동물인 비익조(比翼鳥)를 만들어내기도 한다. 신랑각시바위는 그런 상상력에 무속신앙까지 더해진다. 그 바위를 보고 간절히 기원을 드리면 선남선녀들이 혼인을 할 수 있고, 거기에 더해 아들까지 낳을 수 있다는 것이다. 그러고 보면 사랑은 바위조차도 달리 보게 해주는 큰 힘이 있는 거 같다.

참고로 연리지는 뿌리가 각각 다른 나무들의 나뭇가지가 서로 엉킨 것을 말한다. 서로 하나로 엉켜 있어 하나의 나무처럼 보인다. 비익조는 암컷과 수컷이 각각 하나의 눈과 날개만 있는 상상 속의 새다. 눈도 하나요, 날개도 하나라 서로 짝을 짓지 못하면 날 수가 없다.

신랑각시바위를 비롯한 많은 바위가 그 자체로 전망대 역할을 해준다. 이곳에서는 이웃 동네인 경기도 광명시를 비롯해 안양시, 군포시가 내려다보인다. 풍광이 시원시원해서 그런 걸까. 신랑각시바위 옆 전망대를 바라보고 있으면 괜히 누군가의 손을 잡고 싶어진다. 그리고 사랑에 빠지고 싶어진다.

호암산성과 한우물

한우물과 석구상을 향해 간다. 정상부 능선길을 따라 이동하는데 오르막내리막이 있긴 하지만 어렵지 않게 움직일 수 있다. 이 길은 앞서 언급한 서울둘레길 5코스와는 다른 길이다. 서울둘레길이 산 중턱을 따라 간다면 '신랑각시바위-한우물' 구간은 호암산의 정상부 산마루를 따라 이동한다.

한우물은 호암산성 안에 있는 시설로 제1한우물과 제2한우물로 나뉜다. 호암산성은 호암산 최정상 아래 능선에 쌓은 성으로 길이가 약 1,500m에 달하는데 마름모꼴로 쌓은 테뫼식 산성이다.

호암산성의 축조 시기는 6~7세기경이었고, 한강유역을 차지한 신라가 쌓았다. 앞서 신랑각시바위에서도 언급했듯이 호암산 일대에 서면 서쪽 지역들을 관찰하기가 쉽다. 안양천을 따라 펼쳐진 평지는 물론 그 뒤쪽에 있는 광명, 시흥까지 잘 관찰된다. 날씨가 좋으면 그보다 더 먼 서해까지 조망할 수 있다. 또한 양천을 비롯한 한강유역도 잘 보이니 호암산성은 한강 서남부의 요충지였던 것이다.

당시 신라로서는 서해를 통해 한반도로 침입했던 당나라를 막아내야 했다. 그러니 서해와 한강유역을 동시에 관찰할 수 있었던 호암산에 축성한 것은 어쩌면 당연한 일이었을 것이다. 조일전쟁(임진왜란) 시기에도 조선군이 주둔하는 등 이후에도 호암산성의 전략적 가치는 여전했었다.

한우물은 그런 호암산성의 물 공급지였는데 산 정상부에 있는 '우물' 치고는 상당히 크다. 동서로 22m, 남북으로 12m에 달하는데 작은 저수지처럼 보일 정도다. 물이 귀한 산정부에 큰 우물이 있다는 것이 놀랍다.

천정(天井)이라고도 불리는 한우물의 최초 축조 시기는 신라시대로 보고 있다. 현재의 한우물은 조선 초기에 축조된 것인데, 신라시대에 만든 우물 위에다 축을 어긋나게 해서 올려 쌓았다.

여기서 말하는 것은 제1한우물이다. 제2한우물은 복원이 되지 않아서 그랬는지 자연상태의 늪지처럼 보인다. 석축이 둘려 있지 않으면 그냥 습지로 알고 넘어갔을 거 같다.

석구상

제1한우물. 저기서 수영을 하고 싶을까?

돌로 만든 개, 석구상

제2한우물에서 조금만 더 가면 돌로 만든 조형물이 있다. 재미 삼아 트레킹팀에 물어본다.

"이거 조선시대 때 만든 건데요. 어떤 동물로 보이세요?"
"호랑이요."
"양인가요?"
"돼지처럼 생겼어요. 돼지예요."

호랑이에서 돼지까지 나왔다. 하지만 모두 땡. 앞서 언급한 것처럼 석구상(石狗象), 돌로 만든 개다.

이 돌로 만든 개는 예전에 해치상으로 오해를 받았다. 관악산의 화기를 누르기 위해 관악산 인근에 해치상을 만들어 놓았다는 도읍설화 이야기 때문이었다. 해치는 화재와 재앙을 막는 상상의 동물이다.

아무리 해치가 상상 속의 동물이라지만 저런 형태의 해치는 이 세상에 존재하지 않을 것이다. 거기에 더해《시흥읍지》〈형승조〉편에도 돌로 만든 개라는 사실을 뒷받침해주는 기록이 있다.

그 석구상은 집 지키는 개처럼 홀로 외롭게 호암산성 일대를 지키고 있었다. 그것도 아주 오랫동안. 그리고 앞으로도 계속 지킴이 역할을 할 듯하다. 세월의 흔적을 비켜 갔는지 석구상은 아직까지도 이목구비가 뚜렷하다. 닳지 않았다. 개사료 한 알 먹지도 않았는데 길이 1.7m, 폭 0.9m, 높이 1m로 오동통하다. 그 모습이 참 듬직해 보인다.

서술 때문에 탐방 순서를 바꿨는데 호암산성 내에서의 탐방은 아래와 같다.

제2한우물 → 석구상 → 제1한우물(불영암)

호암산성 탐방을 마친 트레킹팀은 호압사를 향해간다. 그런 트레킹팀 앞에 울창한 잣나무 숲이 펼쳐진다. 그 길이가 약 1km에 달할 정도다. 편의시설도 잘 갖춰져 있고, 숲도 워낙 울창해서 일부러 이 숲을 보러 온다. 필자도 그런 사람 중 하나다. 아예 트레킹팀 앞에서 이런 말까지 했다.

"솔직히 말씀드릴게요. 우리 사실 이 잣나무 숲길 걸으러 온 거예요. 신랑각시바위나 석구상보다 이 숲이 더 좋아요."

예전에 산사태를 방지하기 위해 심어놓은 잣나무들이 이제는 사람들의 힐링을 위해 이용된다. 이렇듯 사람들은 나무에게서 너무 많은 것을 공짜로 받고 있다. 그러니 나무한테 고맙다는 말 정도는 건네자. 알아들을지는 모르겠지만.

잣나무 삼림욕장에서 몸과 마음을 힐링하고 마지막 탐방지인 호압사로 향한다.

호압사에서는 호랑이가 대접을 못 받는다

호압(虎壓: 호랑이를 누른다)이라는 한자어에도 나타나듯이 호압사(虎壓寺)는 호랑이 기운을 누르기 위해 창건된 사찰이다. 이런 사찰을 두고 비보(裨補)사찰이라고 칭한다. 지형지세의 결점을 보완하기 위해서 사찰이다.

계속 언급했지만, 조선의 건국자들은 관악산의 화기와 호랑이 기운을 두려워했다고 한다. 그래서 어떤 식으로든 그 기운들을 꺾어야 했다. 호랑이는 꼬리를 밟으면 꼼짝 못 한다는 말이 있어 그 부분에 해당하는 곳에 호압사를 짓게 한 것이다. 호압사의 법고는 호랑이 등 위에 올려져 있다. 법고 밑에 호랑이가 깔린 형상이다. 그렇듯 호압사는 철저하게 호랑이 기운을 누르기 위해 기획된 사찰이다.

호랑이는 보통 산신각에서 산신령 대접을 받는다. 하지만 호압사에서는 대접이 완전히 꽝이다. 그러고 보면 호랑이도 번지수를 잘 찾아가야 한다. 아무 곳이나 갔다가는 본전도 못 찾는다.

호압사 탐방을 끝으로 호암산 역사트레킹은 종료된다. 기암괴석, 잣나무 숲길, 한우물, 석구상, 호압사의 호랑이…. '호암산 역사트레킹'과 연관된 키워드가 풍성하다. 이렇듯 호암산 역사트레킹은 아기자기한 멋이 넘치는 코스다. 가보면 너무나 좋다.

호압사 법고

호암산 잣나무 숲

호암산 역사트레킹

1. 코스: 신랑각시바위 ···▶ 호암산성 ···▶ 잣나무숲길 ···▶ 호압사

2. 이동거리: 약 8km

3. 예상시간: 약 4시간(휴식시간)

4. 난이도: 중

5. IN: 지하철 1호선 석수역 1번 출구 / OUT: 호압사

    ☞ 호압사에서 시내버스를 타고 2호선 신림역으로 갈 수 있음

20

불암산이 부처님 산이라고?

불암산 역사트레킹

현재 불암산의 서쪽은 서울둘레길 1코스(수락·불암산)에 포함되는데 완경사를 따라 걷는 길이 참 좋은 곳이다. 숲도 울창하고, 편의시설도 잘 갖춰져 있어 많은 이들이 콧노래를 부르며 걷는 곳이다. 숲이 우거진 데다 흙길도 잘 정비되어 있어 명품 숲길이라고 칭해도 부족함이 없다.

"목적 없이 그냥 트레킹하는 것이 좋은가요, 아니면 주제성이 확실한 테마트레킹이 좋은가요?"

수강생들에게 이 질문을 던지면 거의 모두가 테마트레킹이 좋다고 대답한다. 이 글을 읽고 있는 독자는 어떤 것이 좋으신가?
역사트레킹은 역사를 중심에 둔 테마트레킹이다. 역사트레킹이 거듭될 때마다 점점 더 큰 욕심이 생겼다. 내용성을 더 심도 있게 하고 싶은 욕심이 바로 그것이었다. 그래서 맨 처음 구체화한 것이 내사산(동-낙산, 서-인왕산, 남-남산, 북-북악산) 테마였다. 그리고는 자연스럽게 외사산(동-아차산, 서-덕양산, 남-관악산, 북-북한산)으로 확장했다. 내사산, 외사산의 테마가 종료되니 새로운 주제에 대한 갈증이 일어났다. 그러다 목탁을 치듯 무릎을 쳤다. 머릿속에 사찰이 떠올랐다.

부처님의 형상을 한 불암산

불암사는 불암산에 있는 사찰로 동불암(東佛巖)으로도 불리는 서울 근교의 4대 명찰이다. '불암산 역사트레킹'은 서쪽인 서울시 노원구에서

불암산

시작하여 동쪽인 경기도 남양주시로 넘어간다. 불암산에 대해서 먼저 알아보는 게 먼저다.

필암산이라고도 불리는 불암산(해발 508m)은 이웃한 수락산과 더불어 바위가 많은 산이다. 거북바위, 해골바위, 백바위…. 형형색색의 바위들이 자태를 뽐내며 사람들의 시선을 끈다. 불암산이라는 명칭도 바위의 형상에서 유래했다. 정상부 바위의 모습이 마치 송낙을 쓴 부처님의 모습처럼 보인다고 하여 불암산이라는 명칭이 붙여진 것이다.

'송낙'이 뭐지? 어려운 명칭이 나왔으니 잠시 정리하고 가자. 송낙은 송라립(松蘿笠)이라고도 불리는데, 주로 여승들이 쓰는 모자를 말한다. 송낙은 소나무의 겨우살이인 송라를 엮어서 만드는데, 얼핏 보면 지푸라기로 만든 것처럼 보이기도 한다. 모양은 전체적으로 고깔모자처럼 생겼으나 맨 윗부분은 두상에 맞춰져 평평하다. 이렇게 설명해도 감이 잘 오지 않을 것이다. 그럼 조각 피자를 생각해보시라. 먹음직스러운 조각 피자를 먹으려고 딱 준비했는데 누가 냉큼 한 입 베어 먹은 것이다. 조각 피자의 삼각뿔이 없어지고 마음은 아프고…. 송낙을 쓴 부처님의 형상을 두드러지게 볼 수 있는 곳은 불암산의 동쪽이다. 그러고 보면 불암산은 부처님 자체인 거 같다.

"불암산, 불암산 하는데, 이 산이 최불암 산이에요?"

"그럴 수도 있어요. 최불암 선생이 이 산의 명예 산 주인이라고 하더라고요."

"최불암 선생님은 좋겠어요. 산 주인도 하고요."

"저도 정말 부러워요. 하하하."

불암산의 다른 이름, 필암산

'불암산 역사트레킹'을 행할 때마다 꼭 나왔던 말들이다. 물론 최불암의 본명은 따로 있다. 최영한. 하지만 우리에게 최불암은 최불암이다. 송해 선생이 본명인 송복희가 아닌 '송해'로 우리에게 각인된 것처럼.

앞서 언급한 필암산(筆巖山)이라는 명칭도 살펴보자. 필은 '붓 필(筆)'인데 이 일대는 문방사우와 관련된 지명들이 나타난다. 인근에 있는 중랑구 묵동이 대표적이다.

불암사 가는 길

묵동은 먹(墨)을 만드는 동네라고 하여 먹골로 불렸다. 먹골배가 생각나시나? 먹는다고 먹골배가 아니라 먹을 만든다고 먹골이었다.

노원구 월계동에는 '벼루 연(硯)'자를 쓴 연촌(硯村)이 있었다. 이곳은 '벼루말'이라고도 불렸다. 동네에 벼루처럼 생긴 연못이 있다고 하여 그런 이름이 붙여진 것이다. 문방사우(종이, 붓, 벼루, 묵), 즉 지필묵연(紙筆墨硯) 중에 종이만 빼놓고는 다 나왔다. 한편으로는 필, 묵, 연의 지명을 쓴 건 이 일대의 지기(地氣)를 꺾기 위한 풍수적인 의도였다는 설도 있다.

숲길이 좋은 불암산

서론이 길어졌다. '불암산 역사트레킹'은 4호선 상계역에서 시작한다. 바위가 많은 산을 골산(骨山), 흙이 많은 산을 육산(肉山)이라고 부르는데 이에 따르면 불암산은 골산이다. 설악산이 대표주자로 많이 언급되듯이, 골산은 '악' 자가 많이 따라붙는다. 치악산, 관악산, 월악산…. 이런 산들은 입에서 '악' 소리가 나기 마련이다.

하지만 골산임에도 불암산은 어렵지 않게 탐방할 수 있다. 해발고도가 508m로 그리 높지 않기도 하지만 딱히 '악' 소리를 입에 달고 오르는 구간이 그리 많지 않기 때문이다. 물론 역사트레킹은 정상을 가는 스타일이 아니라 '악' 소리하고는 거리가 멀다.

현재 불암산의 서쪽은 서울둘레길 1코스(수락·불암산)에 포함되는데 완경사를 따라 걷는 길이 참 좋은 곳이다. 숲도 울창하고, 편의시설도 잘 갖춰져 있어 많은 이들이 콧노래를 부르며 걷는 곳이다. 숲이 우거진 데다 흙길도 잘 정비되어 있어 명품 숲길이라고 칭해도 부족함이 없다. 그렇게 숲길을 따라 걷다 둘레길 전망대에 올라 불암산 정상 쪽을 바라보자. 암반면이 노출된 암봉들이 장관을 이루고 있어 사람들의 시선을 사로잡는다.

"바위들이 정말 매끈하지 않습니까? 저 위에서 쭈욱 따라 미끄럼 타고 싶어요."

"그래요. 말 나온 김에 시범을 보여주세요."

재치 9단인 수강생들 앞에서는 농담도 조심해야 한다. 그래서 재빨리 고개를 돌려 말했다.

"저기 보세요. 저 높은 바위에 뭐가 매달려 있어요. 그리고 또 움직여요."

"정말 그러네요. 저거 사람이에요? 어떻게 저길 올라갔데요."

그곳은 학도암장이다. 움직이는 사람들은 암벽등반을 하는 이들이다. 로프에 몸을 싣고 암벽을 타는 이들의 모습이 아슬아슬해 보인다. 하지만 너무 멋있어 보인다. 필자는 암벽을 탈 용기가 없다. 그냥 걷는 게 좋다. 그래서 트레킹을 한다. 참고로 학도암장 정상부에서 조금만 더 이동하면 신라시대에 만든 불암산성을 만날 수 있다.

바위가 많은 산은 사람들을 상상의 날개를 펴게 만든다. 바위의 형상이 조금이라도 무언가와 비슷하다면 해당하는 이름이 붙게 된다. 해골바위, 거북바위, 범바위…. 거시기한(?) 바위도 있다. 남근석이나 여근석이 바로 그것이다. 불암산에도 남근석과 여근석이 있는데 그 모양새가 꽤 사실적이라는 게 중론이다. 더군다나 두 바위가 그리 멀지 않은 곳에 위치하여 음양의 조화를 제대로 펼치고 있는 모양새다. 다른 지역에는 남근석만 있거나 반대로 여근석만 있어 음양의 조화가 이루어지지 않은 경우도 많은데 불암산은 그걸 제대로 보여주고 있는 셈이다.

하늘의 보물을 품은 천보사

이제 천보사 방면으로 이동한다. 불암산은 필암산 이외에도 천보산(天寶山)이라는 명칭을 가지고 있다. 일설에 의하면 천보산이라는 명칭은 세조가 지었다고 한다. 세조가 이 일대를 유람하다 아름다운 풍광에 매혹되어 천보산이라는 이름을 하사했다는 것이다.

하지만 이 부분에서 물음표부터 떠오른다. 불암산에서 멀리 떨어지지 않

천보사 대웅전과 코끼리바위

은 지역에 '천보산'이라는 명칭을 가진 산이 두 개나 있기 때문이다. 하나는 유명한 회암사지가 자리 잡은 양주의 천보산이고, 다른 하나는 의정부 북쪽에 있는 천보산이다. 이 둘은 하나의 맥으로 연결되어 있긴 한데 그 거리가 상당히 멀리 떨어져 있다. 해발고도도 다르다. 양주의 천보산이 432m고, 의정부 천보산이 337m다. 이미 기존에 천보산이라는 명칭을 가진 산이 있는데 굳이 세조가 또 천보산이라는 이름을 하사했다는 이야기는 쉽게 납득이 되지 않는다.

산의 명칭이 어찌 됐든 천보사는 그 이름만큼이나 아름다운 사찰이다. 하늘의 보물을 품고 있다는 뜻 아닌가. 천보사는 천연보궁(天然寶宮)이라고 불린다. 법당 뒤쪽에 병풍처럼 펼쳐진 코끼리바위가 부처님의 형상을 하고 있다는 것이다. 병풍바위처럼 비교적 평평한 암석면에는 마애불을 그려 넣는 것이 일반적이다. 고창 선운사 마애불을 생각해보라! 하지만 천보사는 그렇지 않았다. 이렇게 자연암석을 부처님으로 보고, 신앙의 대상으로 삼는 것을 천연보궁이라고 칭한다.

"여러분 눈을 크게 뜨고 한번 바라보세요. 저 바위에 부처님이 깃들어 계신대요."

"잘 안 보이는데요."

"마음속에 불심이 없으셔서 그런 거예요. 불심이 있으면 보입니다."
"곽 작가님은 보이세요? 설명 좀 해주세요."
"아니… 제가 사실은 제가 시력이 안 좋아서…."
"피이… 자기도 못 알아보면서."

그랬다. 아무리 눈을 크게 뜨고 보더라도 부처님이 보이지 않더라. 물론 근래에 새겨놓은 석불좌상은 잘 보였다. 하지만 천연보궁에 깃든 부처님은 전혀 발견할 수가 없었다. 필자에게는 부처님을 알아볼 수 있는 불심이 없었던 것이다.

"모든 돌은 그 내부에 조각상을 가지고 있으며, 그 모습을 찾아내는 것이 조각가의 일이다."

조각가 미켈란젤로의 말이다. 이 말에 의하면 모든 바위는 부처 바위가 될 수 있다. 한낱 중생도 부처님이 될 수 있다는 말과도 일맥상통한다. 천보사 코끼리바위에서 맨눈으로 부처님을 찾기보다는 마음속으로 그려보는 게 더 좋을 거 같다. 아니면 바위에 '자비' 두 글자를 그려 넣어도 좋을 것이다. 조각이든 글씨든 뜻이 통하면 되는 것이 아닌가?
거대한 코끼리 바위를 품고 있는 천보사는 그 자체로 절경이다. 그 아름다운 사찰에서 내려다보는 풍광도 아주 시원스럽다. 말 그대로 하늘의 보물을 품고 있는 사찰이 맞다. 사찰을 떠나기 전에 조선시대에 만들어진 천보사 5층 석탑을 꼭 보고 오자. 천보사의 역사가 짧지 않음을 알려주는 유물이다.

서울의 4대 명찰, 불암사

마지막 탐방지 불암사(佛巖寺)로 향한다. 불암사는 지증대사가 후기 신라시대인 824년(헌덕왕 16)에 창건한 사찰이다. 천보사에서 불암사까지는 산길로 연결되어 있는데 좁은 오솔길을 걷는 맛이 참 좋다. 그런데 좀 위험한 구간도 있으니 발걸음을 조심하자.

조카인 단종을 죽이고 왕위에 오른 세조는 재위 기간에 자신의 아들(의경세자)과 손자(인성대군)가 죽는 등 큰 시련을 겪게 된다. 이에 세조는 왕실의 안녕을 기원하기 위해 서울 근교 4대 명찰을 지정하게 된다. 그래서 글 서두에 언급한 것처럼 불암사가 동쪽 명찰인 동불암이 됐다. 동쪽-불암사, 서쪽-진관사, 남쪽-삼막사, 북쪽-승가사.

세조 자신도 여러 병치레를 했는데 금강산이나 오대산 같은 강원도 지역의 명산들에서 요양했다. 여건상 반드시 서울의 동쪽 지역을 오갈 수밖에 없었기에 서울 동쪽에 위치한 불암사나 천보사를 거쳐 갈 수밖에 없었다. 그래서 세조가 천보사의 명칭을 하사했다는 이야기가 흘러나왔다.

불암사에는 보물로 지정된 '불암사경판'이 전해 내려온다. 이 중 《석씨원류(釋氏源流)》 목판이 있다. 이 책은 조선 후기 불교의 대중적 확산에 공헌했다고 한다. 이 책은 중국에서 간행된 것으로, 석가모니의 일대기와 제자들의 이야기를 담았는데 민중들이 내용 이해를 쉽게 하도록 중간에 그림을 그려 넣었다. 1631년(인조 9), 정두경이 명나라 사신으로 갔다가 가져왔는데, 승려 지습이 1673년에 불암사에서 판각했다. 이후 《석씨원류》가 퍼져나갔고, 사찰 건물의 내외부에 부처님의 행적을 담은 불화가 그려졌다고 한다. 글을 몰랐던 사람들에게 그림만큼 좋은 교화 도구도 없었을 것이다. 성당에 그려진 성화들이 연상되는 대목이다.

1989년 불암사는 부처님의 진신사리를 모셨다. 태국에서 3과, 스리랑카에서 4과의 진신사리를 모셔 와 진신사리보탑을 건립했다.

불암사 일주문

불암사

- 머리에 송낙을 쓴 부처님의 형상
- 부처님의 행적을 담은 〈석씨원류〉 목판
- 부처님의 사리를 담은 사리탑

　서울의 4대 명찰이라는 말이 괜히 나온 것이 아니다. 그만큼 귀한 것들이 많기에 동불암이라는 명칭을 얻게 된 것이다.

　이제 하산할 시간이다. 제월루 앞의 '천보산불암사사적비'도 놓치지 말고 보고 가자. 사적비는 1731년(영조 7)에 만들어졌다. 1994년에 만들어진 일주문에도 천보산이라고 적혀 있다.

　이렇게 하여 불암산 역사트레킹이 종료가 됐다. 좋은 숲길을 걸으며 귀한 문화유산을 만나서 그런지 마치 하늘에서 보물을 선물받은 것 같다.

불암산 남근석

불암산 역사트레킹

1. 코스: 전망대 ···▶ 남근석 ···▶ 여근석 ···▶ 천보사 ···▶ 불암사

2. 이동거리: 약 8km

3. 예상시간: 4시간(휴식시간 포함)

4. 난이도: 중

5. IN: 지하철 4호선 상계역 1번 출구 / OUT: 불암사

   ☞ 202번 버스종점에서 6호선 화랑대역으로 향하는 버스를 탈 수 있음

에필로그 ①
산티아고에 산티아고가 없다면?
(산티아고 순례길 이야기 1편)

이제 두 편에 걸쳐 산티아고 순례길에 대한 이야기를 해본다.

필자는 통상적인 산티아고 순례길 이야기를 하려고 하는 게 아니다. 이미 산티아고 순례길 이야기들은 넘치고 넘치지 않았던가. 필자까지 거기에 더할 필요는 없을 것이다.

그간의 통념을 깨려고 이 글을 쓰고 있다. 그래서 제목도 저렇게 지었다. 산티아고 순례길에 대한 환상을 가진 사람들이 읽는다면 그 환상이 깨질 수도 있음을 미리 밝혀둔다.

산티아고 대성당

산티아고 순례길과 제주 올레길

제주 올레길은 우리나라 도보여행의 시발점이다. 2007년 제주 올레 1코스가 개척된 이후, 우리나라 도보여행길은 폭발적으로 늘어나게 됐다. 지금은 20,000km 이상이 됐는데 이 길이는 지구 반지름에 필적할 정도로 엄청난 길이다. 이 제주 올레의 모태가 바로 산티아고 순례길이다. 그런 면에서 산티아고 순례길은 우리나라의 도보여행에 엄청난 영향을 준 셈이다.

산티아고 순례길의 영향력은 요즘도 식을 줄을 모르고 있다. 우리나라의 많은 도보여행자들이 산티아고 순례길을 탐방하고 싶어 하기 때문이다. 누군가는 순례길 걷기를 일생일대의 버킷리스트로 올려놓을 정도니까. 이렇게 많은 영향을 주었으니 꼭 한 번은 다뤄봐야 하지 않겠나?

스페인 민중들 속에서 '부활'한 야고보

산티아고(Santiago)는 스페인어로 야고보를 뜻한다. 야고보는 사도 요한의 형으로, 야고보와 요한은 둘 다 예수의 열두 제자였다. 야고보는 현재의 스페인(에스파냐)과 포르투갈이 있는 이베리아반도에 복음을 전파했다고 전해진다.

이후 야고보는 팔레스타인 지역으로 돌아온다. 고된 사역길 이후에 다시 돌아온 고향이었지만 그를 기다리는 것은 '금의환향'이 아닌 죽음의 그림자였다.

유대 왕인 헤롯 아그리파 1세의 무시무시한 칼날이 그의 목을 내리쳤기 때문이다. 아그리파는 예수가 태어날 때, 베들레헴의 신생아들을 모두 죽이라고 명했던, 그 헤롯 왕의 손자였다.

산티아고 대성당 외벽에 장식된 야고보 성인.

대대로 헤롯 왕가들은 유대 땅에 그리스도교가 기반을 잡는 것을 싫어했던 모양이다. 결국 야고보는 기원후 44년 7월 25일에 참수당한다. 열두 제자 중 처음으로 순교자가 나타난 것이다.

이후 야고보의 시신은 그의 제자들에 의해 배에 실려, 이베리아반도 북서부 지역으로 이동하게 됐다고 한다. 에스파냐에서 복음을 전한만큼 그곳에 뼈를 묻겠다는 유언이 있었고, 제자들이 실행에 옮겼다는 것이다. 팔레스타인 지방에서부터 그 먼, 당시는 로마 지배하에 있던 이베리아반도까지 장거리 항해를 마다하지 않고 제자들은 돛을 올렸다.

당시 로마는 그리스도교를 공인하지 않았다. 공인은커녕 탄압에 앞장섰다. 그런 이유 때문이었을까? 야고보와 관련된 드라마틱한 이야기들은 사람들의 뇌리에서 잊혀갔다.

이후 야고보의 존재가 민중들 속에서 '부활'하게 된 시기는 8세기경이었다. '별들의 들판'이라고 불리는 캄푸스 스텔라(Campus Stella)에 있는 무덤 중 하나가 별의 계시를 받을 것이라는 이야기들이 민중 속에서 널리 널리 퍼져나갔던 것이다. 그 계시가 실현이 된 것인지, 서기 813년경 성인 야고보의 무덤이 발견되었다는 것이다. 이 소식을 들은, 당시 이베리아반도 북서부를 지배하고 있던 아스투리아스 왕국의 알폰소 2세는 그 무덤이 발견된 곳에 성당을 짓게 한다.

그렇게 하여 건립된 것이 산티아고 대성당이었다. 또 그 대성당이 위치한 곳에 도시가 들어섰는데 그곳이 바로 산티아고 데 콤포스텔라(Santiago de Compostela)였다.

여기까지가 산티아고 카미노(camino: 스페인어로 '길')에 녹아 있는 역사적인 스토리텔링이다. 이런 내용들은 산티아고 순례길을 소개하는 여행기뿐 아니라 스페인 관광청의 소개 책자에도 기술되어 있다.

야고보의 제자들은 어떻게 그 먼 뱃길을 찾아갔을까?

산티아고 카미노를 걷는 사람들은 필그림(Pilgrim)이라고 불린다. 영어 풀이 그대로 순례자라는 뜻이다. 종교다원론자(?)인 필자도 산티아고 순례길을 걸었다. 짧게나마 필그림이 되었고 산티아고 대성당에서 야고보 성인을 기리며 미사에도 참석했다. 대성당에서 드린 미사는 필자에게 무

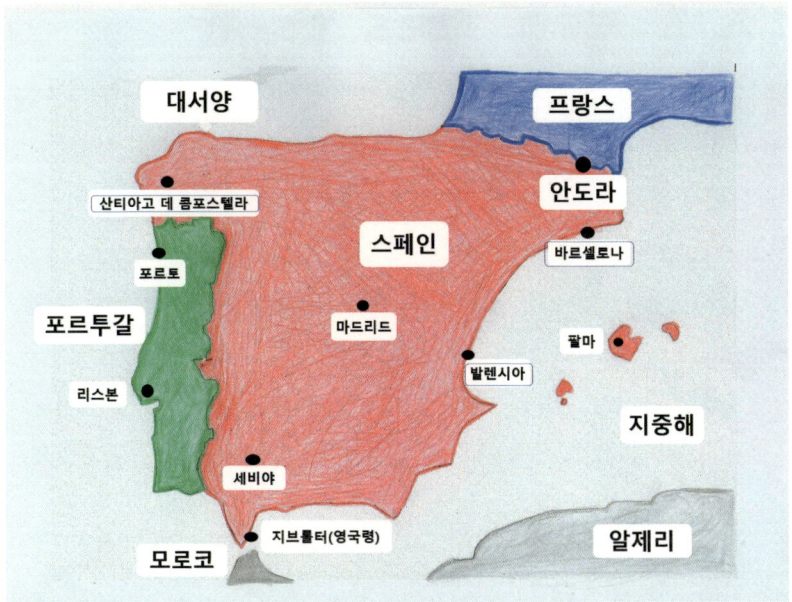

이베리아반도

언가 모를 강한 영감을 심어주었다.

순례자의 마음으로 산티아고 순례길을 걸었고, 또한 산티아고 대성당에서 선한 감흥을 얻었지만, 여행을 하기 전부터 품었던 근본적인 물음은 계속 풀리지 않았다. 그림자처럼 그 물음은 계속 필자의 뒤를 따르고 있었다.

'진짜 산티아고 대성당에 사도 야고보가 묻혀 있는 게 맞는 거야? 야고보의 제자들은 스페인 땅을 한 번도 가보지 못했을 텐데 어떻게 거기까지 간 거지. 내비게이션이라도 있었던 건가? 그래 그들이 갔다고 치자. 그런데 굳이 지브롤터 해협을 돌아서 스페인 서부 지역까지 갈 필요가 있을까, 바르셀로나가 있는 스페인 동부 해안 쪽이 훨씬 더 가깝잖아.'

산티아고에 산티아고(야고보)가 없다?

이 물음대로라면 산티아고 순례길을 걷는 그 수많은 순례자는 '사기'를 당한 셈이다. 있지도 않은 야고보 무덤을 보기 위해 수백 킬로미터에 달하는 길을 걷는, 어리석은 사람이 되기 때문이다. 또한 산티아고 순례길 여행을 자신의 버킷리스트로 등재한 사람들은 어떤가? 미래에 행할 '바보들의 행진'을 준비하기 위해, 현재의 소중한 시간과 돈을 아낌없이 투자하고 있는 멍청이들인가?

시간이 지날수록 의문은 더욱더 짙어져 갔다. 그러다 다음의 구절을 읽었다.

"사도 성 요한의 형제이자 에스파냐의 수호성인인 야곱이 에스파냐에서 복음을 전도했을 가능성은 거의 없다."

- 프레데리크 들루슈 편, 윤승준 역,《새 유럽의 역사》, 까치, 159쪽

이 서술에 의하면 산티아고에 '산티아고(야고보)'가 없을 확률이 농후해진다. 서양의 중세사를 다룬 유명한 저서,《서양중세사》에서도 야고보와 스페인에 대한 관계를 그저 '전설' 수준으로 서술하였다.

애초 야고보가 에스파냐에 복음을 전달했을 가능성이 없었다면 그의 유언도 성립될 수 없다. 가보지도 않은 땅에 자신의 주검을 묻어달라고 간청하는 사람은 없기 때문이다. 그렇다면 우리는 정말 사기를 당한 것일까? 존재하지도 않은 야고보의 행적을 쫓아, 돈과 시간을 낭비하는 어리석은 짓을 하는 바보들인가?

국토회복운동에 구심점이 되어준 야고보

야고보의 무덤이 발견된 시기는 9세기 초반경이었다. 당시 이베리아반도 대부분은 이슬람 세력이 차지하고 있었다. 611년, 무함마드가 이슬람교를 창시한 이래, 무슬림들은 포교를 위한 전쟁을 수행해나갔다.

북아프리카 일대를 점령한 그들은 711년, 지브롤터 해협을 건너 이베리아반도까지 물밀듯 쳐들어갔다. 당시 이베리아반도에 있던 서고트 왕국은 이들의 침략을 막지 못하고 713년에 멸망한다. 이후 서고트 왕국의 옛 귀족들은 이베리아반도 북서쪽 산악지대로 도주했다가, 718년에 아스투리아스(Asturias) 왕국을 건립하게 된다.

스페인은 유럽 주요국 중 유일하게 십자군 전쟁에 참여하지 않은 나라였다. 그도 그럴 것이 1차 십자군 전쟁(1096년 발발

산티아고 순례길

이 일어났을 때도 국토의 절반 이상이 이슬람 세력에 의해 침탈당하고 있었기 때문이다. 예루살렘에 '하나님의 왕국'을 세우는 것이 문제가 아니라 당장 자국 영토를 회복하는 것이 급선무였다.

이런 국토회복운동을 레콘키스타(reconquista)라고 부른다. 국토회복운동은 이슬람 세력이 침공했던 711년부터 1492년까지, 무려 800년이나 지속됐는데 그런 국토회복운동의 중심에 야고보가 서게 된다.

국토회복이라는 엄청난 과업을 이루기 위해서는 큰 구심점이 필요했는데 스페인 사람들은 그 역할을 야고보에게 맡긴(?) 것이다. 열두 제자 중 처음으로 순교했던 야고보였기에 그런 중책이 맡겨졌다.

그와 관련한 전설이 하나 있다. 844년에 있은 클라비호 전투에서 백마를 탄 야고보가 나타나 이슬람 무어인들을 무찔렀다는 이야기다. 이후 야고보는 '무어인을 죽이는 산티아고(Santiago Matamoros)'라고 불리기도 하였다.

이렇듯 야고보는 스페인 사람들을 정신적, 종교적으로 하나로 묶어 이슬람 세력에 대한 항전 의지를 고취하는 역할을 했다. 풍전등화와 같은 상황에서 야고보는 큰 구심점이 되어주었던 셈이다.

의심도 순례자들의 덕목일지 모른다

산티아고에 산티아고(야고보)가 있냐, 없냐 하는 근본적인 물음에 대한 답을 명확하게 내려줄 사람은 아마도 없을 것이다. 한편 고생고생하며 산티아고 순례길을 걷는 사람들도 필자와 같은 의문을 한 번쯤 다 품었을지도 모른다.

'어떻게 그 당시 항해기술로 팔레스타인 땅에서 스페인까지 원거리 항

해가 가능하겠어!'

　필자는 그런 의심(?)들도 순례자들이 갖추어야 할 덕목 중에 하나로 판단한다. 덮어놓고 무조건 '믿어라, 믿어라' 하면 맹목적인 신앙으로 도출될 수밖에 없기 때문이다. 성경에는 '의심하지 말라'라고 적혀 있지만, 그 의심이 합리적이라면 계속해서 되새겨야 할 것이다. '왜'라는 물음 없이 교조적으로 종교를 받아들인다면 그건 종교가 아니라 세뇌일 뿐이다. 그 세뇌가 통한다면 그로 인해, 누군가가 큰 이득을 얻을 수 있음을 잊지 말아야 할 것이다.
　글을 마치기 전에 한 가지!

　'산티아고에 산티아고가 없다고 치자, 그럼 이제 산티아고 순례길을 무슨 의미로 걷는단 말인가?'

　이런 의문이 들 수도 있을 것이다. 필자는 마음으로 걸으라고 말하고 싶다. 마음으로 느끼고 마음으로 걷는다면 산티아고가 있고, 없고의 문제는 부차적인 문제가 될 테니까.

에필로그 ②
남북한 순례자들이 함께 산티아고 길을?
(산티아고 순례길 이야기 2편)

'산티아고 순례길에 산티아고가 없다면?'의 두 번째 이야기이다. '산티아고 순례길에 산티아고가 없다면?'이란 제목에서처럼, 필자는 통상적인 산티아고 순례길을 이야기하지 않았다. 정확히는 상당히 도발적인 내용을 담았다고 할 수 있다. 산티아고 순례길에서 '산티아고'를 '지우개'로 지워버린 셈이 됐으니까.

그런 이야기를 작성한 건 산티아고 순례길을 부정하기 위해서가 아니었다. 필자는 여전히 산티아고 순례길에 대한 동경심이 있고, 기회가 닿는다면 계속 방문할 예정이다. 다른 순례자들과 마찬가지로 그 길을 걸으며 많은 감흥을 얻었고, 큰마음의 위안을 얻었다. 그만큼 필자도 '산티아고 앓이'를 했던 셈이다.

그렇다면 왜 '산티아고 순례길에 산티아고가 없다면?'이란 도발적인 글을 썼을까? 간단하다. 제대로 알고 가자는 의미에서 글을 썼다. 기왕 돈 들여, 시간 들여가는 길이라면 제대로 알고 가야 하는 게 아닐까? 그래야 더 알찬 트레킹을 할 수 있을 테니까.

피스테라 가는 길. 피스테라는 스페인의 땅끝이다.

스페인의 땅끝, 피스테라

피스테라(Fisterra)는 산티아고 데 콤포스텔라에서 서쪽으로 약 90km 정도 떨어진 곳으로 스페인의 땅끝이라고 불리는 곳이다. 예루살렘에서 순교한 야고보의 시신은 나룻배에 실려 에스파냐 땅에 닿게 됐는데 그 첫 번째 장소가 바로 피스테라였다고 한다. 많은 여행책에 그렇게 기술되어 있다. 어쨌든 그런 역사적인 스토리텔링에다 땅끝이라는 지정학적인 의미가 더해진 곳이기에 피스테라는 순례여행이 아니더라도 꼭 한번 방문해 볼 가치가 있는 곳이기도 하다.

필자도 그렇게 피스테라를 향해 길을 떠났다. 피스테라로 가는 시작점은 산티아고 대성당이다. 대성당은 순례길의 종료점이기도 했지만, 땅끝으로 가는 시작점이 되기도 했다. 시작과 끝이 공존하는 곳을 보고 있자니 '끝은 또 다른 시작'이라는 말이 실감 났다. 새삼스레 인생은 끝없는 여정이라는 말도 떠올랐다.

'시작할 때는 이게 언제 끝나나, 하고 막막해하지만 어느 순간이 되면

마침표를 찍게 되고, 그러다 또 다른 시작으로 발걸음을 옮기고….'

국내여행을 할 때도 그랬다. 시작할 때는 막막했지만 여행이 끝날 때는 성취감을 느끼는 동시에 이미 다음 여행의 경로를 머릿속으로 그리곤 했다.

산티아고 데 콤포스텔라와 피스테라의 위치

피스테라를 가기 전에 만나는 Cee라는 항구도시. 매력적이다.

해양과 산맥이 공존하는 스페인 북서부, 갈리시아 지방

피스테라로 가는 길은 인적도 드물었지만, 마을 자체도 듬성듬성 있었다. 조금은 척박하다는 느낌이 들 정도로 개발이 덜 된 곳도 있었다.

피스테라와 산티아고 데 콤포스텔라가 속한 갈리시아 지방은 스페인의 북서부에 있는데 서쪽으로는 대서양, 위쪽으로는 비스케이만에 둘러싸여 있다. 지형은 산지 형태를 띠고 있는데 험준한 산악지형이라기보다는 구릉형 산지가 층층이 쌓여있는 형태였다.

전편에도 언급했듯이 이 지역은 이베리아반도가 이슬람의 지배하에 있을 때도 그 침략의 사슬에서 벗어나 있던 곳이다. 지브롤터 해협을 넘어온 북아프리카 무어인들은 서고트 왕국을 멸망시켰고, 이에 서고트 왕국의 옛 귀족들은 반도의 서북부에서 아스투리아스(Asturias)를 건립하여 가톨릭 왕국의 재건에 나서게 된다.

아스투리아스 왕국은 서북부 지역의 지리적 이점을 이용하여 들어선다. 이곳은 첩첩산중까지는 아니지만 그래도 산악지형을 띠고 있기에 효과적인 방어가 가능했던 곳이다.

대서양에 가까워지는 만큼 기후변화가 더 심해졌다. 비가 더 심하게 오락가락했다. 우리나라 여름철 날씨도 변덕스럽지만, 여기에 오면 명함도 못 내밀 것 같았다. 하루에도 몇 번이나 '호랑이가 장가'를 갈 정도였으니까. 그래서인지 무지개도 무척이나 많이 볼 수 있다. 평생 본 무지개보다 순례길을 걷는 동안 본 무지개가 훨씬 더 많았을 정도였다.

피스테라와 야고보

앞서 언급한 것처럼 피스테라는 스페인의 땅끝이다. 하지만 산티아고 순례길을 걷는 사람들은 대개 그곳을 유럽대륙의 끝이라고 생각한다. 피스테라를 소개하는 일부 책자에 그렇게 기술되어 있기 때문이다. 하지만 피스테라는 필자가 반복해서 기술한 대로 스페인의 땅끝이지 유럽대륙의 땅끝은 아니다.

정확히 유럽대륙의 땅끝은 호카곶(Cabo de Roca)이다. 호카곶은 포르투갈의 수도 리스본에서 서쪽으로 약 30km 정도 떨어진 곳에 있다. 깎아질 듯 서 있는 해안절벽이 일품인 곳이다.

육지에서 바다 쪽으로 툭 튀어나온 지형을 말할 때 두 가지로 분류한다. 튀어나온 규모가 크면 '반도'가 되고, 작으면 '곶'이 된다. 포항의 호미곶을 떠올리면 된다. 북한 쪽에서는 장산곶이 유명하다.

피스테라에 대한 환상(?)을 한 가지 더 깨볼까 한다. 전편에 '야고보 성인은 이베리아반도에 복음을 전했을 가능성이 거의 없다'라고 서술했다. 그 서술을 따라가 보면, 야고보의 시신이 담긴 배가 예루살렘에서 피스테라까지 옮겨왔다는 이야기도 허구일 가능성이 크다. 뻔한 당시의 항해 기술은 둘째치고, 사역하지도 않은 곳에다 자신의 시신을 묻어 달라는 전도자는 없을 테니까.

그렇다면 피스테라가 왜 야고보와 연결이 됐을까? 아무래도 야고보의 존재를 더욱더 극적으로 만들기 위해 피스테라가 동원되지 않았나 하는 생각이 든다. 로마인들은 피스테라를 세상의 끝이라고 믿었다.

그렇다면 세상의 끝에서 야고보 성인의 시신이 도착하여 별들의 들판이라는 산티아고 콤프스텔라에서 영원한 안식을 취하고 있다는 식으로 스토리텔링이 정리될 수 있겠다. 이런 전개 과정 자체가 여행자들의 흥미를 끌 수 있는 스토리텔링이 될 수 있다는 것이다. 만약 로마인들이 세상의 끝을 호카곶으로 판단했다면 어떻게 됐을까? 그럼 호카곶과 야고보가 서로 연결이 될 수도 있었을 것이다.

환상이 다 깨졌다고 해도 피스테라는 그 자체로 무척 매력적인 곳이다. 넘실대는 파도와 해안절벽들을 따라가다 보면 땅끝 등대가 나오는데 그곳에서 바라보는 대서양의 모습은 일품 중의 일품이다. 이곳의 노을은 아름답기로 유명하다.

피스테라에 도착한 순례자들은 자기 신발이나 옷가지를 태워 대서양에 띄우는 의식을 행한다. 더 이상 갈 수 없으니 자신의 것들을 불태우는 것이다. 실제로 등대 근처 곳곳에는 순례자들이 태운 신발과 옷가지의 흔적들이 널려 있었다.

피스테라는 그런 장소였다. 무언가 의식을 행하거나 다짐하게 만드는 장소였다는 것이다. 마치 해남 땅끝에 가면 무언가 마음을 다잡아야겠다는 생각이 드는 것처럼. 필자도 대서양 바다를 보면서 한 가지 다짐을 했다.

'하루하루 잘 사는 것이 진정한 챔피언!'

난생처음 보는 대서양 앞에서 다짐을 한 말치고는 무척 소박한가? 그래도 상관없다. 작은 일을 제대로 해내지 못하는 사람은 큰일도 못 한다고 하지 않던가. 허상과도 같은 그림을 그리기보다는 바로 앞에 있는 일들을 척척 해내는 사람이 진정한 승리자라는 것이다. 과거를 괴롭게 되새기고, 아직 오지 않은 미래를 억지로 끌어와서 현재를 낭비하지 말자는 뜻이기도 하다.

스페인의 땅끝 피스테라

남북한 순례자들이 함께 산티아고 길을 걷는다면?

순례길은 화합의 길이었다. 지역적으로 서로 친하지 않다는 마드리드, 카탈로니아, 바스크 사람들이 서로 정답게 트레킹하는 곳이 산티아고 순례길이었다. 스페인 내국인들만 그런 게 아니었다. 앙숙이었던 아일랜드와 영국, 그리고 러시아와 에스토니아(발트3국) 청년들이 서로 의지하며 걷는 곳이 바로 순례길이었다. 도보여행을 하는 데 국적이니 지역이니 하는 것들은 다 소용이 없을 테니까.

서로 격려하고, 서로 도움을 주고…. 그게 바로 순례길에 녹아 있는 정신일 것이다. 그런 정신들이 길 위에 뿌려지고, 뿌려지다 보니 많은 사람이 산티아고 순례길을 사랑하는 것일 테고.

　산티아고 순례길에서 북한 순례자들을 만날 수 있을까? 그렇게 된다면 무척 흥미로울 것 같다. 남한과 북한 사람들이 서로 어울려 순례길을 걷는다면 그것 자체로 좋은 일일 것이다. 함께 격려하며 돕고, 먹을 것을 나누고…. 힘들 때는 함께 '아리랑'도 부르고! 상상만으로도 참 흥미롭다.

역사트레킹 서울학개론

초판 1쇄 발행	2023년 9월 1일
지은이	곽작가
펴낸곳	역사트레킹북스
펴낸이	곽동운
편집·디자인	강동준
출판등록	제25100-2021-000074호
이메일	historytrekkingbooks@naver.com
블로그	blog.naver.com/historytrekkingbooks
ISBN	979-11-983936-0-9 03980

본문 이미지: Freepick.com

* 책값은 뒤표지에 있습니다.
* 파본은 구입하신 서점에서 교환해 드립니다.
* 이 책의 전부 또는 일부 내용을 재사용하려면 반드시 저작권자의 사전 동의를 받아야 합니다.